Art Landau

Dimensionen des Friedens

Ans sichere Ufer II

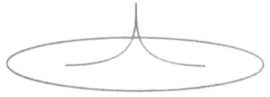

WSP

Titelbild:
Courtesy of Katsushika Hokusai, Die große Welle vor Kanagawa

https://de.m.wikipedia.org/wiki/Datei:The_Great_Wave_off_Kanagawa.jpg

https://de.wikipedia.org/wiki/Die_gro%C3%9Fe_Welle_vor_Kanagawa

Die große Welle vor Kanagawa (jap. 神奈川沖浪裏 Kanagawa oki nami ura), eigentlich Unter der Welle im Meer vor Kanagawa, ist der Titel eines Farbholzschnitts im Ukiyo-e Stil des japanischen Künstlers Katsushika Hokusai.Der Druck ist das erste und bekannteste Blatt der 1830 bis 1836 entstandenen Serie 36 Ansichten des Berges Fuji, in der Hokusai auf insgesamt 46 Bildern die Landschaften rund um den Fuji darstellte. Hokusai, der knapp neunzig Jahre alt wurde, fertigte diesen Holzschnitt mit ca. siebzig Jahren an. Das Blatt ist der bekannteste japanische Druck und gehört zu den berühmtesten graphischen Werken der Welt.

Impressum

Erscheinungsjahr: © 2025 BoD

Titel: Dimensionen des Friedens
Autor: Art Landau

Verlag:
BoD · Books on Demand GmbH,
Überseering 33, 22297 Hamburg, bod@bod.de
Druck:
Libri Plureos GmbH,
Friedensallee 273, 22763 Hamburg

ISBN: 978-3-8192-6605-8

Art Landau

Dimensionen des Friedens

Ans sichere Ufer II

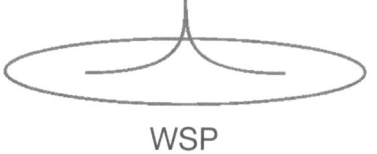

WSP

Art Landau Publications

Zeiten ändern sich und mit ihnen die Anforderungen.
So ändern sich die Jahreszeiten im Lauf des Jahres.
So gibt es auch im Weltenjahr Frühling und Herbst
der Völker und Nationen,
die gesellschaftliche Umgestaltungen erfordern.

I Ging, Nummer 49, die Umwälzung

Inhaltsverzeichnis

Einleitung
Ein Plädoyer für den Frieden

Wir bitten Sie, die Tische vor Ihnen hochzuklappen, und Ihren Sicherheitsgurt anzulegen!", klingt die Stimme der Stewardess aus dem Lautsprecher. Ich räume meine Notizen zur Seite, an denen ich während des langen Fluges gearbeitet habe und wende mich meinem Nachbarn zu, der mich gerade gefragt hat:

„Was schreiben Sie da?"

„Ich arbeite an einem neuen Buch."

„Worum geht es in diesem Buch?", will er natürlich wissen. Aber wie soll ich auf diese Frage mit ein paar Worten antworten? Wie kann man über die Geistesgeschichte der Menschheit und den heutigen Zustand der Welt, mit all seinen politischen und wirtschaftlichen Aspekten reden, über diese hochkomplexen Zusammenhänge, ohne sofort banal zu werden? Aber da fällt mir zum Glück ein Gleichnis ein:

„Wir sind in unruhiges Fahrwasser geraten und am Horizont droht ein veritabler Sturm. Die ersten Blitze haben sich schon gezeigt und die eine oder die andere Windböe hat das Schiff erschüttert. Da sollten wir doch den Kurs wechseln und aufs sichere Ufer zuhalten, statt uns auf immer neue Abenteuer einzulassen. Unser Schiff ist nicht unsinkbar, und wir sollten möglichst bald einen guten Hafen anlaufen, in dem wir das kommende Unwetter überstehen können. Außerdem können die Passagiere und die Matrosen hier endlich an Land gehen, sich die Beine vertreten und die Mühsal der Reise vergessen."

„Was wollen Sie denn mit diesem Gleichnis sagen?", fragt mein Nachbar neugierig, und so kommen wir in ein interessantes Gespräch.

„Das große Unwetter, das hier heraufzieht, und das sehr wohl unser Schiff zum Sinken bringen könnte, ist natürlich ein großer Krieg! Immer wenn ein altes Imperium schwach wird und ein ernsthafter Konkurrent aufsteigt, dann ist die Gefahr für eine militärische Auseinandersetzung sehr groß. Das war in der Geschichte der Menschheit immer so, und ist schon oft vorgekommen. Was dies aber heute, mit den Atomwaffen der Großmächte bedeutet, das wissen wir alle. Auf 90 Sekunden vor Mitternacht steht die Doomsday Clock, das Warnzeichen für ein nukleares

Armageddon schon. Und als ob das nicht genug wäre, selbst wenn wir den Krieg vermeiden können, so droht uns auch noch eine verheerende Klimakatastrophe durch die Erderwärmung und eine ganze Reihe anderer ernster Probleme."

„Aha, das Unwetter am Horizont kann ich auch sehen, aber was ist mit den Blitzen und Sturmböen, die Sie erwähnt haben, gemeint, und mit dem gefährlichen Kurs, den wir ändern sollten?", setzt mein Partner den Dialog fort, und so führe ich weiter aus: „Die ersten Blitze und die ersten Sturmböen haben uns schon erreicht, mit unseren Finanz- und Wirtschaftskrisen der letzten Zeit, und der Krieg in der Ukraine und um Israel sind nur ein Vorgeschmack auf das unruhige Fahrwasser, in das wir geraten sind. Und dieser falsche Kurs ins Unwetter: Das ist unsere Geisteshaltung, unsere Wachstumswirtschaft und unser Streben nach Dominanz!"

„Und was genau ist mit diesem Hafen gemeint?", möchte mein Mitreisender noch wissen.

„Das sichere Ufer und der gute Hafen, den wir anlaufen könnten, das ist der Frieden auf dieser Welt, eine gerechte Ordnung und eine Kreislaufwirtschaft, die in nachhaltiger Weise nur das produziert, was wir wirklich zum Leben brauchen."

„Ein schönes Bild, aber finden Sie nicht, dass das etwas großartig und romantisch klingt, und dass das ein sehr weiter Weg sein wird?", meint der Andere weiter.

„Natürlich haben Sie da recht. Der Weg zu diesem Frieden, zu diesem Ziel, ist nicht leicht, Wir werden Jahrzehnte oder sogar Jahrhunderte brauchen, um ihn zurückzulegen, bis sich die ganze Menschheit endlich zu einer friedlichen Gemeinschaft vereinigt hat. Aber es lohnt sich, auf diesen Hafen zuzuhalten, denn wenn er einmal erreicht ist, dann können wir endlich den rastlosen Geist des Westens hinter uns lassen und ein neues Leben in Würde und Gelassenheit beginnen. Denn auf diesem sicheren Boden erwartet uns ein Glück, das mit keinem anderen verglichen werden kann, und für das die kleinen Freuden, die wir uns am Schiff gemacht haben, nur ein Vorgeschmack waren. Aber lesen Sie nur selbst meinen ersten Entwurf zu diesem Thema", und damit reiche ich ihm die ersten Seiten des Manuskripts, an dem ich gerade geschrieben habe.

Dimensionen des Friedens

Frieden, was für ein Wort, was für eine Verheißung! Was für ein Heil steckt in diesem Wort, das die ganze Menschheitsgeschichte durchzieht. Geborgenheit, Freude, Wohlstand und Leben steckt in diesem Wort und der Friede auf Erden ist ein wichtiger Teil der Weihnachtsbotschaft, der Geburt des Göttlichen unter den Menschen.

Frieden bedeutet Gerechtigkeit, Frieden bedeutet das Ende der Gewalttat, und die gröbste Form der Gewalttat ist der Krieg.

Warum führen wir ihn überhaupt, warum taucht er immer wieder auf in der Geschichte der Menschheit, und warum können wir scheinbar kein Ende finden? Warum haben wir uns schon so an ihn gewöhnt, dass er wie selbstverständlich erscheint, obwohl er doch nur ein extremer und schrecklicher Ausnahmezustand sein sollte?

„Der Vater aller Dinge ist der Krieg", sagt ein alter griechischer Philosoph, aber damals war der Krieg etwas ganz anderes als heute. Es geht nicht mehr um ein faires Kräftemessen, um einen geradezu sportlichen Zweikampf mit klaren Regeln, sondern heute ist der Krieg zu einem Mittel der gegenseitigen Selbstzerstörung geworden, bei dem es keinen Sieger mehr geben kann, sondern nur noch Verlierer. Haben wir nicht jedes Maß verloren, hat uns nicht die Wirklichkeit überholt?

Sind wir nicht technologische Riesen und moralische Zwerge geworden? Wir streben nach Glück, aber zerstören es gleichzeitig wie die Narren, als ob es unser schlimmster Feind wäre. Wir stürmen in einem messianischen Materialismus bis an die Grenzen der Erde, ja sogar weit darüber hinaus, aber in unseren Seelen sind wir unentwickelter und unglücklicher als jemals zuvor. Der moderne westliche Mensch leidet unter einer gespaltenen Persönlichkeit und ein guter Teil seines Wesens ist ihm unbewusst, wie der große Seelenarzt Sigmund Freud schon am Anfang des 20. Jahrhunderts festgestellt hat. Wir haben die extravertierte Geisteshaltung, wie C.G. Jung sie genannt hat, bis ins Extrem gesteigert und erleben nun die Folgen: ein unentwickeltes und störrisches Innenleben, das die verrücktesten Entwicklungen individuell und kollektiv möglich macht, ja geradezu herausfordert.

Wir haben, so wie Goethes Faust, einen Pakt mit dem Teufel geschlossen, einen Pakt, dass wir niemals zur Ruhe kommen dürfen, dass es unser Ende bedeuten würde, wenn wir aufhören titanisch weiter zu streben.

Wie können wir uns nur aus diesem Pakt befreien, wie können wir nur zu normalen Zuständen zurückkehren, wie können wir endlich Frieden finden?

Das untergehende Amerikanische Imperium hat knapp hundert Jahre gedauert. Das ist für Machtkonzentrationen dieser Art eine sehr kurze Zeit. Andere Imperien haben mehrere Jahrhunderte oder gar Jahrtausende geblüht.

Die These dieses Buches besteht darin, dass dieser rasche Verfall darin begründet ist, dass die Grundidee des Imperiums, sein leitendes Prinzip, nicht auf einem tragfähigen Impuls der Menschheitsgeschichte beruht, sondern auf einer Häresie, einer Irrlehre. Eine Irrlehre dieser Art besteht übrigens nicht darin, dass etwas völlig Falsches behauptet wird, das würde sich sehr bald herausstellen, vielmehr besteht sie darin, dass eine bestimmte Wahrheit auf Kosten aller anderen überbetont wird und damit das natürliche Gleichgewicht stört.

Das Grundprinzip dieser Irrlehre, der scheinbar harmlose „amerikanische Traum" vom Auto, vom Haus und von der Familie, bei der jeder Nachkomme es ein bisschen weiter bringt als seine Eltern, ist ein Nachklang des protestantischen Versuchs, das Reich Gottes schon hier auf Erden einzurichten, wenn nötig mit Gewalt. Entstanden als extreme Gegenbewegung Calvins gegenüber der Macht und Inquisition der katholischen Kirche im alten Europa, wo es durchaus seinen Sinn hatte, ist dieses einseitige Prinzip im freien Lande Amerikas fast ohne Korrektur über Jahrhunderte hochgeschossen. Landraub, Völkermord und Sklaverei wurden hier lange Zeit straflos betrieben und durch die Selbstzerstörung Europas in den zwei Weltkriegen zur Weltherrschaft gebracht. Nach dem Ende der vorläufigen Korrektur durch den Kommunismus und dem Zerfall der Sowjetunion kam diese Haltung dann für kurze Zeit zur absoluten Macht. „Full Spectrum Dominance", Dominanz in allen Bereichen war das Ziel dieses Geisteszustands, in dem knappe 5 % der Menschheit dem Wahn folgten, sie könnten die restlichen 95 % auf Dauer dominieren.

„We are right and they are wrong!" Wir haben recht, und sie haben unrecht, so brachte der New Yorker Bürgermeister anlässlich des Attentats auf die Twin Towers diese Haltung meisterhaft auf den Punkt. Genauso gut hätte der Kapitän der Titanic dem Eisberg zurufen können: „Verschwinde, du hast hier nichts zu suchen!"

Wir erleben heute den Zusammenbruch dieses Wahns und je eher wir aufwachen, und seine Konsequenzen begreifen, desto eher werden wir Aussicht auf einen dauerhaften Frieden haben.

„Sehr interessant", meint mein Nachbar, und gib mir den Text zurück, „aber finden Sie nicht, dass das alles ein wenig zu plakativ und weltfremd klingt? Glauben Sie nicht, dass man schon oft versucht hat, das Problem in Ordnung zu bringen; warum sollte es also gerade jetzt gelingen?"

„Mit ein bisschen guten Willen, oder sogar mit sehr viel gutem Willen ist es natürlich nicht getan", antworte ich.

„Aber das Besondere an meinem Beitrag scheint mir dies zu sein:

Die Geschichte der Menschheit, also auch Krieg und Frieden, entfaltet sich nicht zufällig, sondern folgt bestimmten Gesetzen, die wir kaum kennen und noch weniger befolgen, obwohl sie sich mit Sicherheit auswirken. Ein alter chinesischer Philosoph sagt darüber: „Wer diese Gesetze ganz verstanden hätte, der könnte die Welt regieren, als drehe sie sich auf der Fläche seiner Hand."

Hätten wir diese Gesetze am Ende des ersten Weltkriegs beachtet, niemals wäre es zum Zweiten gekommen. Hätten wir diese Gesetze am Ende des Zweiten Weltkriegs beachtet, niemals wäre es zum Kalten Krieg gekommen. Hätten wir diese Gesetze beim Ende des Kalten Krieges beachtet, niemals wäre es zu der Katastrophe in der Ukraine gekommen, und wenn wir diese Gesetze weiterhin missachten, dann ist der dritte Weltkrieg für uns unvermeidbar.

Es hat natürlich immer wieder große Geister und Staatsmänner gegeben, die diese Gesetze anwenden wollten: Präsident Wilson mit seinem Völkerbund am Ende des ersten Weltkriegs, die Gründer der UNO nach dem Zweiten, die berühmte Friedensrede Kennedys nach der Kubakrise, die ihm übrigens ein halbes Jahr später das Leben kostete, oder Gorbatschow bei der Auflösung der Sowjetunion und des Warschauer Paktes. Überall waren diese Einsichten am Werk, aber offensichtlich gibt es auch starke Kräfte, die diesem Frieden, diesem gegenseitigen Verständnis, entgegenwirken, und die man nicht unterschätzen darf! Es sind dies nicht einfach einzelne Personen oder Institutionen, wie die CIA oder BlackRock, sondern es geht hier um kaum bekannte oder beachtete Strömungen tief im Inneren der Entwicklung der Menschheit. Erst wenn wir die Vorgänge auch auf dieser Ebene begreifen, können wir hoffen zu einer dauerhaften Lösung zu kommen.

Es geht hier, kurz gesagt, um die kollektiven Beziehungsmuster, die in einer ganzen Nation oder einem Kontinent herrschen, die bestimmen, was man für richtig und falsch hält, oder wofür man sich einsetzt und wofür nicht. Wisdom Science spricht in diesem Zusammenhang von einer „MPR" und zeigt die Strategien auf, wie man Aussicht hat, das „Kippen" solcher Hierarchien in den Kriegszustand zu verhindern."

„Faszinierend; könnten Sie mir nicht ein Beispiel geben, wie so ein „Kippen" aussieht?"

„Nun, da gäbe es etwa den tiefen Sturz des Volkes der Dichter und Denker in den Abgrund des Nationalsozialismus, einen moralischen Rückfall um 1000 Jahre!"

„Das klingt ja sehr spannend, und mir fallen leider ein paar ganz aktuelle Beispiele für so eine Entwicklung ein, aber ich habe noch niemals etwas von dieser Wisdom Science gehört. Worum handelt es sich dabei?"

„Wisdom Science ist eine Weiterentwicklung der Systemtheorie, aufbauend auf der Psychologie C.G. Jungs und der Philosophie Teilhard de Chardins, zusammen mit den Einsichten über den „Natürlichen Geist" der buddhistischen Tradition des Dzogchen. Hier ist ein völlig neuer Zweig der Wissenschaft im Entstehen, der die Natur von Beziehungen und Beziehungsmustern auf allen Ebenen der Komplexität im Universum erforscht. Eines der vielen Anwendungsgebiete dabei ist die historische Entwicklung der Menschheit im Zusammenhang mit der biologischen Evolution und der kreativen Entfaltung des Kosmos überhaupt.

Mir ist klar, dass das jetzt sehr großartig und bruchstückhaft klingt, aber ich muss mich hier mit ein paar Andeutungen begnügen. Glauben Sie mir, das ist keine esoterische Spinnerei, es steckt wirkliche Substanz dahinter."

„Ich will Ihnen gerne glauben, aber könnten Sie die Sache nicht doch noch ein wenig genauer ausführen, etwas Zeit haben wir ja noch."

„Gut, also die großen Linien sehen etwa so aus: Wir erleben gerade den Niedergang und die Auflösung des Amerikanischen Imperiums, aber das ist nur die Spitze des Eisbergs. Im Untergrund dieser Entwicklung findet ein großer Epochenwandel statt, nämlich der Übergang von der Neuzeit, die die letzten 500 Jahre der europäischen Geschichte geprägt hat, zu einem neuen Zeitalter. Während die alten Prinzipien in Auflösung begriffen sind, und die neue Gestalt noch nicht gefunden wurde, gibt es eine Zeit des Interregnums, die sehr gefährlich werden kann. Genau in dieser Übergangszeit befinden wir uns aber, und das ist der wirkliche Hintergrund der Unruhen und der großen Weltkriege, sowie auch der Verblendung, der Propagandakultur und des Realitätsverlustes der modernen Gesellschaften.

Erst wenn der Übergang in die neue Gestalt, in die neue Epoche gelungen ist, können wir erwarten, dass sich die Symptome des Übergangs verlieren.

Der geistesgeschichtliche Kernpunkt der Neuzeit war die Entwicklung einer hochdifferenzierten Ich-Persönlichkeit mit ihrer Willenskraft und ihrem rationalen Intellekt. Diese Entwicklung hat ihren Höhepunkt erreicht, und eine weitere Steigerung ist nicht mehr sinnvoll. Die Bäume wachsen nicht in den Himmel!

Der Kerngedanke der neuen Epoche liegt damit schon auf der Hand. Das vereinzelte Ich des modernen Menschen muss wieder in die größeren Zusammenhänge des Universums integriert werden. Der Psychologe C.G. Jung nennt dies die Einordnung des Ich in das „Selbst", die der einzelne Mensch als sehr heilsam und glückspendend erlebt.

Kollektiv erlaubt eine Persönlichkeit dieser Art dann den Aufbau von höheren Beziehungsmustern, die für das Zusammenwachsen der Menschheit zu einer größeren geistigen Gemeinschaft die Voraussetzung sind. Erst wenn sich diese Beziehungsmuster gebildet und ausgebreitet haben, wenn sich die MPRs der verschiedenen Nationen wieder aufgerichtet haben, wird es möglich sein, auch Institutionen zu schaffen, die die Menschheit vereinigt und große Kriege in Zukunft unmöglich macht.

Die sichtbare Form dieser Entwicklung könnte dabei der Aufbau eines „seelischen Immunsystems" sein, das ein Gegengewicht zur systematischen Lüge und heutigen Propaganda der Massenmedien und Regierungen bildet, und eine „Weltkonferenz", in der die großen Fragen der Menschheit gemeinsam und fair gelöst werden können."

Während ich diese Vision entwickle, ist das Flugzeug schon tief herabgesunken und setzt gerade zur Landung an. Unser kleines Gespräch hat über Budapest begonnen, und jetzt nähern wir uns schon dem Wiener Flughafen.

Die letzten Minuten eines Fluges sind immer spannend, - zuzuschauen, wie die Landschaft immer näher heranrückt, wie die Bäume größer werden und die Häuser, und wie die Maschine schließlich auf dem Rollfeld aufsetzt.

„Sehr interessant, was Sie da sagen", meint mein Gegenüber. „Wenn das Buch fertig ist, möchte ich unbedingt ein Exemplar davon haben."

„Sehr gerne", ist meine Antwort, und wir tauschen die Adressen aus.

Dann, wir sind inzwischen angekommen, ziehen wir die Jacken über, nehmen unser Handgepäck und verabschieden uns voneinander, denn im Gewühl des Flughafens und der Zollkontrollen werden wir uns wohl bald aus den Augen verloren haben.

I. Der vierte Weg
Wach' auf, Europa!

George Orwells *1984* wurde kurz nach dem Zweiten Weltkrieg geschrieben. Es beschreibt in drastischen Zügen die Kräfte, die zu diesem furchtbaren Desaster geführt haben, insbesondere die Mechanismen der Propaganda, und spricht eine ernste Warnung für die Zukunft aus.

Das Jahr 1984 haben wir längst überschritten, aber das Buch ist noch immer aktuell und ist neuerdings sogar zum Bestseller geworden, weil die Kräfte, die damals zum Verhängnis geführt haben, schon wieder am Werk sind.

Gleich nach dem ersten Weltkrieg wurde das Wort laut: *Nie wieder Krieg!* und der amerikanische Präsident Wilson versuchte damals, durch eine „League of Nations", durch einen Völkerbund, zukünftige Kriege zu verhindern. Ähnliches wurde nach dem Zweiten Weltkrieg versucht, denn auch hier hatte man die verheerenden Wirkungen eines großen Krieges erlebt und wollte diesen Fehler nicht wiederholen. Damals wurden die UNO und die Vereinten Nationen gegründet.

Leider ist der von vielen erhoffte Frieden nicht eingetreten, und sofort nach der Katastrophe des Zweiten Weltkriegs begann der kalte Krieg. Als in den neunziger Jahren die Sowjetunion zerfiel, hätte es eine echte Chance auf dauerhaften Frieden gegeben, aber diese Chance wurde vertan. So sehen wir, wie sich heute schon wieder die Machtblöcke bis an die Zähne bewaffnet gegenseitig bedrohen.

In Orwells Roman wird diese Situation prophetisch vorhergesagt. Es gibt drei große Machtblöcke, die sich in dauerndem Kriegszustand befinden, und damit die Unterdrückung und die Propaganda im eigenen Land rechtfertigen. Die Allianzen unter diesen drei Mächten wechseln ständig, und daher wird auch die Geschichte dauernd umgeschrieben und die Erklärungsmuster werden angepasst. Vor dieser Entwicklung, vor einem solchen selbststabilisierenden Schreckenssystem, sollten wir uns hüten.

Die aktuelle Geopolitik scheint aber genau auf dieses Szenario zuzusteuern. Es gibt die großen Rivalen USA und China, zwischen denen eine militärische Konfrontation immer wahrscheinlicher wird, eine Konstellation, die schon der erste griechische Historiker Thukydides in seinem Peloponnesischen Krieg analysiert hat.

Neben diesen beiden Giganten gibt es nun weitere Staaten oder Staatengruppen, die weitere Machtblöcke bilden könnten, die dann in unterschiedlichen Konstellationen auftreten: Wie verhält sich Russland, wie verhält sich Westeuropa, wie verhält sich Südamerika, wie verhält sich Afrika, und was ist mit Indien in diesem Machtspiel? Wenn wir den üblichen Mechanismen ihren Lauf lassen, dann stehen wir vor einer sogenannten „Multipolaren Welt", also genau dem Schreckensbild, das Orwell vorausgeahnt hat.

Welche Möglichkeiten hat hier nun Westeuropa?

Der erste Weg: Europa bleibt seinem Bündnis mit den USA treu und spielt damit die Rolle eines Vasallenstaates, auf dessen Boden die Stellvertreterkriege toben können.

Der zweite Weg besteht darin, sich dem anderen Giganten, also der Konkurrenz zu den USA anzuschließen, und das alte Bündnis aufzugeben. Es geht hier nicht nur um China, sondern auch um die große Bewegung der BRICS-Staaten, die die amerikanische Vorherrschaft satt haben.

Der dritte Weg besteht darin, dass sich Europa unabhängig macht, und einen eigenen Machtblock entwickelt, wozu es sehr wohl imstande wäre. Das Ergebnis wäre die oben beschriebene Orwellsche Konstellation, die diesem Erdball wahrscheinlich für das nächste Jahrhundert einen Dauerkriegszustand bescheren könnte.

Nun gibt es aber noch **einen vierten Weg**, der in der heutigen Diskussion so gut wie nicht vorkommt. Es ist dies der Versuch, den Anlauf, der am Ende des ersten Weltkriegs gemacht wurde, fortzusetzen um ihn diesmal zu einem glücklichen Ende zu führen. „Nie wieder Krieg!" sollte auch heute das Gebot der Stunde sein. Die Menschheit muss zu einem Völkerbund finden, der die egoistischen Bestrebungen einzelner Nationen in ihre Schranken weisen kann, ohne dabei zu einem erdrückenden Machtapparat zu werden.

Der Anstoß zu diesem neuen Völkerbund, zu diesen neuen Vereinten Nationen, zu dieser Weltkonferenz, könnte durchaus von dem alterfahrenen und kriegsgeschüttelten Europa ausgehen, ja sogar von Deutschland, das die Folgen des Zweiten Weltkriegs wohl am deutlichsten und am schlimmsten zu spüren bekommen hat.

Warum sollte nicht von hier der Impuls ausgehen, die Völker der Erde in einem neuen Rat zu vereinigen, der die Hunde des Krieges, die „dogs of war", wieder zurückpfeift und an die Kette legt, damit sie nicht zuletzt uns alle vernichten - denn heute haben wir es nicht wie zu Shakespeares Zeiten mit ein paar marodierenden Soldatenhorden zu tun, heute handelt es sich um überschallschnelle Interkontinentalraketen, die furchtbares Unheil anrichten können.

Dieser Rat muss von bedeutenden Persönlichkeiten aus aller Welt getragen sein, von Menschen, denen das Wohl aller Wesen auf diesem Planeten am Herzen liegt, und die bewiesen haben, dass sie bereit sind sich mit ihrem ganzen Leben dafür einzusetzen. Es wird eine starke Opposition gegen diesen Rat geben, getragen vom militärisch-industriellen Komplex, von den Kriegsherrn aller Welt, von den Diktatoren, von den Geheimdiensten und vielen anderen Organisationen dieser Art, und nicht zu vergessen von der Clique der neoliberalen Oligarchen in aller Welt.

Wenn wir in 100 Jahren auf unsere Zeit zurückblicken, was werden wohl aus dieser Perspektive die größten Errungenschaften sein? Wird es eine Energiewende sein, ein Flug zum Mars, neue Computerprogramme oder neue Interkontinentalraketen, oder wird es etwas ganz anderes sein?

Ich meine, ein wirklicher Fortschritt für die Menschheit kann nur darin bestehen, wenn dieser Planet zu einer harmonischen Gemeinschaft von freien Völkern zusammenwächst, und wenn diese Gemeinschaft eine offizielle und organisierte Gestalt bekommt. Wenn dieser Impuls von Europa ausgehen sollte, dann wäre dies der vierte Weg, den wir einschlagen können, und für den wir unsere ganze Kraft, unsere ganze Energie und unsere ganze Liebe einsetzen sollten.

II.

DIMENSIONEN DES FRIEDENS

Dimensionen des Friedens
Ein buddhistischer Beitrag zur Abrüstung

Vor einigen Jahren gab es im Tiroler Alpbach eine Konferenz. Zwei Referate folgten einander. Das erste hielt der Dalai - Lama, das religiöse Oberhaupt Tibets. Was er sagte war nicht neu, nicht einmal besonders originell. Es waren Dinge, die jedermann wohl schon öfter gedacht hatte, einfache, selbstverständliche Gedanken. Er sprach vom Frieden, von der Gerechtigkeit und von der Ruhe des Herzens. Und während er redete, breitete sich ein wenig davon auch im Publikum aus. Hie und da zeigte sich ein Lächeln, ein Scherz oder eine freundliche Geste. Wenig später folgte der zweite Vortrag. Rhetorisch brilliant wurde die Weltlage analysiert. Einige durchaus vernünftige Vorschläge zur Verminderung der internationalen Spannungen wurden entwickelt. Es gab keinen Grund zur Kritik; und trotzdem gab es eine verhaltene Aggression im Raum, die spürbar stärker und stärker wurde.

Wir unterhielten uns nachher darüber und tauschten Beobachtungen aus. Was uns beim zweiten Referat irritiert hatte, war nicht der Inhalt des Gesagten gewesen. Es waren die Gesten und der Ton, ja die ganze Person des Redners gewesen, die nicht so recht zur Botschaft von Frieden und Entspannung passen wollten. Der Redner hatte „vom Kopf" aus gesprochen und nicht „vom Herzen".

Frieden, wirklicher Frieden ist keine Sache des Kopfes. Und es ist auch keine Sache von Verträgen und von ausgewogener Abrüstung - so wichtig diese Schritte auch sind. Wirklicher Friede ist eine Sache des Herzens und es ist eine positive Kraft. Eine Kraft, die ganz anders ist, als die Abwesenheit von Krieg.

Frieden kann mitreißen, beleben, inspirieren und heilen. Frieden erfasst den ganzen Menschen. Er ist nicht teilbar, nicht aufschlüsselbar in Panzerüber- oder Unterlegenheit. Frieden ist ein Bruder der Liebe. Wer diesen Frieden einmal erfahren hat, der gibt sich nicht mehr damit zufrieden, dass ihm gerade keine Granatsplitter um die Ohren fliegen.

Dieser Friede ist ein natürlicher Zustand, ein Aspekt des Lebens und der Freude. Und der ist keineswegs nur sanft und still, sondern voller Spannung und Bewegung. Es gibt Gegensätze, auch im Frieden. Nur werden die Konflikte mit der Logik der Liebe aufgelöst, die auch eine andere Meinung oder ein anderes System bestehen lässt. Sie werden nicht mit Gewalt gelöst, mit der Logik der Vergeltung, mit der Logik des „Aug' um Aug', Zahn um Zahn", oder mit der Logik Caesars, der Frieden nur dort sieht, wo SEINE Legionen herrschen.

Leider ist der Standpunkt Caesars meist auch unser Standpunkt. Natürlich sind wir dabei viel bescheidener und demokratischer. Aber letztlich folgen wir derselben Logik: Wenn du Frieden willst, rüste für den Krieg!

Diese Art des Denkens sitzt uns tief in den Knochen, und wir üben sie jeden Tag. Jeden Tag führen wir unseren Kampf. Jeden Tag haben wir Angst, dass uns jemand anderer etwas nimmt, wenn wir ihm nicht zuvorkommen. Jeden Tag ein wenig Konkurrenz. Und jeden Tag wollen wir schließlich etwas „kriegen"; wir wollen ja etwas vom Leben haben. Und so führen wir Krieg: mit dem Nachbarn, mit den Kollegen, mit den Konkurrenten, mit den anderen Autofahrern, mit dem anderen Geschlecht, mit der Umwelt, mit dem eigenen Körper und so weiter und so fort und dann kommt der ersehnte Frieden; noch dieses, noch jenes, und dann ist es soweit.

Und immer glauben wir: noch dieser Kampf. Aber es kommt nicht soweit. Und je mehr wir uns bemühen, desto weniger will es gelingen. Wir werden immer müder, immer verbissener - aber es hilft nichts. Der Krieg führt nicht zum Frieden, sowenig wie die Rüstung zur Sicherheit führt.

Was kann man da tun?

Man kann da nichts „tun" - im üblichen Sinn. Der Frieden lässt sich nicht herstellen, nicht machen, wie wir es gewohnt sind. Man kann ihn eben nicht „kriegen". Erst wenn wir uns dem Frieden öffnen, kann er zu uns kommen und seine Wirkung tun, jenseits unserer Pläne und Machenschaften. Und das Schöne ist: Er ist ja da, er wartet nur darauf, wirken zu können. Das Leben will den Frieden! Und auch wir wollen den Frieden aus der Tiefe unseres Herzens. Und wenn wir auf diese Stimme hören, wenn wir Schüler unseres eigenen Wunsches zum Frieden werden, dann beginnen sich manche Dinge nachhaltig zu verändern. Ebenso, wie man das ganze Leben auf den Krieg ausrichten kann: auf Konkurrenz und Erfolg, auf rücksichtsloses Rechthaben und Gewinnen; ebenso kann man sein Leben auf den

Frieden ausrichten: auf Versöhnung und Zusammenarbeit, auf Nachgeben und Helfen.

Wer so lebt, der wird ganz natürlich für den Frieden arbeiten. Und seine Arbeit wird Früchte tragen, weil sie nicht innerlich gespalten und uneins ist.

Gerade darum ist unsere Arbeit für Frieden und Abrüstung ja so schwer: weil wir widersprüchlich sind, weil wir selbst dauernd Krieg führen, innerlich und äußerlich.

Die Menschen bemühen sich schon seit Jahrtausenden um diesen Frieden. Einer, der ihn wohl erreicht hat, schreibt:

Waffen sind Instrumente der Angst
Sie sind nicht das Werkzeug des Weisen
Er braucht sie nur, wo es keine Wahl gibt
Frieden und Ruhe sind seinem Herzen teuer
und der Sieg kein Grund zur Freude
Wenn du dich am Siegen freust,
freust du dich am Morden
Wenn du dich am Morden freust,
wirst du nicht die Erfüllung finden

(Laotse, ca 600 v. Chr.)

III.

DER BAMBUSSTAB

A. Konkurrenz

1. Jänner 2014, das Neujahrskonzert

Über eine Milliarde Menschen lauscht dem Ereignis im beginnenden Jahr. Wundervolle Musik erfüllt den Äther und verbindet die Herzen der Menschen zu einer Gemeinschaft, zu einer Gemeinschaft des Friedens.

Es ist ein besonderes Jahr. Genau 100 Jahre vorher, 1914, hat der Erste Weltkrieg den Frieden einer alten Welt endgültig zerstört. Nicht dass es vorher so besonders friedlich zugegangen wäre, Kriege waren an der Tagesordnung, aber es waren alles begrenzte Konflikte mit bescheidenen Mitteln gewesen. Der Erste Weltkrieg wurde dann zu einer gewaltigen Materialschlacht, die alles bisher Dagewesene in den Schatten stellte und Europa in Trümmer legte. Seither hat dieser Krieg nicht mehr wirklich aufgehört. Der Zweite Weltkrieg war eine direkte Folge des Ersten, der kalte Krieg eine direkte Folge des Zweiten und der Turbokapitalismus eine direkte Folge der unausgesetzten Kriegswirtschaft, einer Wirtschaft also, die versucht den Gegner durch Überproduktion an den Rand zu drängen.

100 Jahre Krieg sind genug und die Welt kann sich diesen Luxus nicht mehr leisten! Der Friede und die Gemeinschaft der Völker ist das Gebot der Stunde; und die Musik, das gemeinsame Zuhören über alle Grenzen hinweg, ist ein erster Schritt dazu.

Daniel Barenboim, der Dirigent, spielt eine entscheidende Rolle in diesem Konzert, bei diesem Ereignis; auch er ist ein Bürger vieler Welten. Er spricht über den Israel Konflikt, ein Schlüsselpunkt und ein Symbol der heutigen Weltpolitik. Hier konzentrieren sich viele Linien, und die Haltungen der Menschen und Kulturen werden besonders deutlich sichtbar. Viele Jahrzehnte lang ist es nicht gelungen, hier zu einem dauerhaften Frieden zu kommen, trotz aller Bemühungen. Warum wohl?
Der Dirigent, selbst jüdischer Abstammung, bringt die Sache als Weltbürger auf den Punkt: Zwei verschiedene Erzählungen, zwei verschiedene Haltungen, zwei verschiedene Nationen können sich hier nicht einigen, denn beide erheben Anspruch auf dasselbe kleine Stückchen Land, und beide wollen es alleine

haben, beide wollen, dass der andere verschwindet. Das geht natürlich nicht und mit Waffengewalt oder mit amerikanischen Dollars lässt sich dieses Problem auch nicht lösen. Kein Friede ohne Gerechtigkeit, kein Friede, der nur durch Gewalt aufrechterhalten werden kann.

Die Initiative liegt übrigens bei Israel, nicht bei den Palästinensern, denn Israel hat das Land in den sechziger Jahren militärisch besetzt, Israel hat die Armee und alle Machtmittel in der Hand, hier muss der erste Schritt geschehen, und dieser erste Schritt kann nur in einer Einsicht und in einem Haltungswandel bestehen.

Das linke Ende des Bambusstabes

Wenn wir heute einen Bambusstab sehen und sein linkes Ende gefällt uns nicht, dann gehen wir hin und brechen es ab. Wir wollen das Land haben, also müssen die Palästinenser weg.

Wir vergessen bei dieser Haltung aber, dass es unmöglich ist, das linke Ende eines Stabes zu beseitigen - prinzipiell unmöglich! Ich kann natürlich ein Stück Holz vom Stab abbrechen, aber im selben Moment wird ein anderes Stück das linke Ende sein.

Das weiß jedes Kind, aber diese einfache Tatsache wird in der Praxis gerne übersehen. Das linke Ende ist nämlich gewöhnlich keine Person oder kein Stück Land, sondern eine Ideologie oder ein Narrativ, und so etwas lässt sich mit Gewalt nicht auslöschen, ganz im Gegenteil. Außerdem ist für den Menschen gegenüber das linke Ende das rechte. Die Palästinenser sagen also auch, das Land gehört uns, und das linke Ende des Bambusstabes, also die Israelis, müssen verschwinden. Was die Freiheitskämpfer und Helden für die eine Seite sind, sind die Terroristen und Verbrecher für die andere.

Mit dieser Art von Logik lassen sich aber keine Probleme auf dieser Erde wirklich lösen, trotzdem ist es leider die Art, mit der wir immer noch vorgehen. Nur jemand, der fähig ist, das rechte und das linke Ende des Bambusstabes gleichzeitig in sein Bewusstsein aufzunehmen, ist fähig mit solchen Konflikten umzugehen und sie zu lösen.

Das ist in der Musik eine Selbstverständlichkeit, denn hier können verschiedene Ströme, auch wenn sie scheinbar widersprüchlich sind, miteinander zu einem harmonischen Ganzen verwoben werden. Das Wesen der Musik und ihre Schönheit besteht ja gerade darin, dass sie die Gegensätze bestehen lässt und miteinander in Beziehung bringt: Spannung und Entspannung, Thema und Gegenthema, Melodie und Begleitung. Etwas Ähnliches braucht unsere Politik.

Nur, wie sieht es damit in der Praxis der Demokratie aus? Werden solche Qualitäten hier geschätzt?

Natürlich nicht, denn es geht hauptsächlich um ein gutes Wahlergebnis, nicht um die wirkliche Lösung von Problemen. Die ersten zwei Jahre versucht man, mehr oder weniger erfolgreich, die Wahlversprechen einzulösen, die anderen Jahre bereitet man seine Wiederwahl vor. Unter solchen Umständen sind langfristige und tiefer gehende Entscheidungen kaum durchzuführen. Nicht einmal der amerikanische Präsident hat die Möglichkeit, daran etwas zu ändern.

Hier muss sich also etwas bewegen, aber wie?

Leerheit

Leerheit bedeutet, dass alles miteinander verbunden ist. Das klingt wie eine Banalität, die jedes Kind weiß, und das ist es natürlich auch. Aber diese Einsicht reicht viel tiefer als es zunächst scheinen mag. Die Verbindung zwischen allen Teilen der Welt besteht nämlich nicht nur in Kausalketten oder logischen Zusammenhängen, sondern sie bedeutet eine fundamentale Einheit der Wirklichkeit, die weit über das hinausgeht, was wir uns vorstellen können. Unsere Vorstellung baut nämlich auf Trennung und Unterscheidung auf und blendet dabei die unsichtbaren Verbindungen aus. Wir haben uns schon so an diese Art des Denkens gewöhnt, wir haben sie trainiert und in der Wissenschaft verfeinert, wir haben sie belohnt und anerkannt, dass wir uns kaum etwas anderes vorstellen können. Die direkte Einsicht in diese Verbindungen ist aber gerade das, was die höhere Vernunft ausmacht; gerade das, woran es uns fehlt.

Das linke Ende des Bambusstabes steht in einer geheimen Beziehung zum rechten. Die beiden wissen voneinander, ohne dass es dazu irgendeiner Kommunikation, einer Nachrichtenübertragung, bedürfte. Sie bilden eine Einheit, selbst wenn es keine Kausalketten gibt, die sie verbindet. Wenn man das linke Ende des Bambusstabes abbricht, dann ist immer noch, oder schon wieder, ein linkes Ende da, und auch das rechte hat damit seine Position verändert. Außerdem wird der Stab kürzer, ganz egal von welcher Seite aus man misst.

Das ist natürlich nur ein Bild und ein Gleichnis, aber das sind die Verhältnisse und Dimensionen, in denen wir in Zukunft denken werden. Wenn Israel die Palästinenser an den Rand drängt, dann schadet das Land sich selbst. Wenn die Wirtschaft durch Überproduktion einen Konkurrenten beseitigt, dann schadet sie sich selbst; und wenn die Menschheit in der Konkurrenz der Nationen ein Land über das andere stellt, dann schadet sie ebenfalls sich selbst.

Im Universum gelten bestimmte Gesetze der Entwicklung, die der Mensch nicht willkürlich aufheben oder manipulieren kann. Die Evolution des Lebendigen hat ihre eigene Logik, ebenso wie die Entwicklung menschlicher Kulturen. Wir können uns einige Zeit der Illusion hingeben, dass wir frei schalten und walten und uns nach unserem eigenen Gutdünken organisieren könnten, aber früher oder später holt uns die Wirklichkeit ein. Die Menschheit ist kein Fremdkörper auf dieser Erde oder im Universum, der sich unabhängig, sozusagen distanziert entwickeln könnte. Vielmehr sind wir auf allen Ebenen eingebunden in den Strom der Wirklichkeit und in die Entfaltung unseres Universums.

> *Glaubst du wirklich, du könntest*
> (als außenstehender, unbeteiligter Beobachter)
> *das Universum übernehmen*
> *und es verbessern?*
> *Das Universum ist heilig,*
> *wenn du an ihm herumpfuschst,*
> *wirst du es nur ruinieren!*

So sagt dazu Laotse, der Autor des *Tao Te King*, vor mehr als 2000 Jahren.

Die menschliche Gemeinschaft steht immer in der Gefahr aus der Gesamtentwicklung auszubrechen und als Fremdkörper oder gar als Parasit in der Biosphäre zu wirken. Die Neuzeit mit ihrem Ich-Kult bildet da keine Ausnahme, ganz im Gegenteil. Unsere Philosophie scheint geradezu prädestiniert dazu zu sein, uns von der Gesamtwirklichkeit zu trennen, eigene Wege einzuschlagen und damit zum Irrläufer der Evolution zu werden. Tendenzen, wie gesagt, aber nur Tendenzen, denn so weit muss es nicht kommen.

Verblendung

Wenn sich eine menschliche Gemeinschaft aus dem Gesamtzusammenhang löst, dann bemerkt sie das in der Regel gar nicht. Gerade die Loslösung beruht ja darauf, dass die größeren Zusammenhänge systematisch ignoriert und ausgeblendet werden. Das kann zu geradezu grotesken Formen führen, und die Geschichte ist voll von Beispielen dafür.

Menetekel und der Enron Skandal

Ein großes Fest wird gefeiert. Der König hat alles in seinem Palast versammelt, was in seinem Lande Rang und Namen hat. Eine Freude folgt der anderen, erlesene Speisen schmeicheln dem Gaumen, kostbare Geschenke werden verteilt. Aber plötzlich, als das rauschende Fest seinen Höhepunkt erreicht, schreibt die Hand eines unsichtbaren Gastes seltsame Zeichen an die Wand des Saales! *Mene mene tekel u-parsin*, so ist hier zu lesen. Gezählt, gezählt, gewogen und für zu leicht befunden! Der König wird bleich und die Gäste erschrecken, denn sie verstehen sehr wohl die Botschaft. Sie und ihre Regierung sind hier gemeint, und all ihr Luxus und ihre Pracht können nicht darüber hinwegtäuschen, dass im Wesentlichen etwas nicht stimmt.

Es ist das Festmahl des Königs Belschazzar, von dem hier erzählt wird, 2500 Jahre vor unserer Zeit. Aber die Worte sind überliefert und sogar in unseren täglichen Sprachgebrauch übergegangen, weil diese Geschichte und diese Situation archetypisch ist für die menschliche Gemeinschaft und sich immer wieder wiederholt.

Gemeint ist die individuelle und kollektive Verblendung der Reichen und Mächtigen, die sich auf ihre Systeme und Organisationen verlassen und sich nicht warnen lassen, wenn etwas nicht mehr stimmt.

Wer hört schon gern schlechte Nachrichten, und welcher Diener möchte es riskieren, mit einer Unglücksbotschaft bei seinem Herrn in Ungnade zu fallen. Lieber erzählt man von den Erfolgen und jubelt sich gegenseitig zu, auch wenn es dafür keinen wirklichen Grund mehr gibt.

Es ist erstaunlich, wie lange im zusammenbrechenden Nazireich die Menschen bereit waren ihre Augen und Ohren vor den offensichtlichen Tatsachen zu verschließen. „Wollt ihr den totalen Krieg?" Das war die Frage Goebbels und seiner Propagandamaschine an die Menschen, und sie antworteten jubelnd: „Ja!", obwohl der Ausgang dieses Abenteuers schon jedem sehenden Menschen klar sein musste. Im Führerbunker Hitlers wurde noch vom Sieg geträumt, als jede vernünftige Hoffnung längst dahin war, und die russischen Truppen schon vor Berlin standen.

Der Mensch neigt dazu, sich in seine Wünsche und Fantasien einzuspinnen, und er tut das auch und fast in noch höherem Maße kollektiv, so dass die Gemeinschaft manchmal den Sinn für die Realität völlig verliert.

Ein gutes Beispiel dafür aus der jüngsten Zeit ist der Enron Skandal, der in gewisser Weise ein Vorläufer der großen Finanzkrisen war. Enron ist, oder war, ein riesiger Konzern, ein Multi, der in vielen verschiedenen Branchen, unter anderem im Ölgeschäft tätig war.

Aber auch Firmen und multinationale Konzerne, ebenso wie Staaten oder Gesellschaftssysteme haben ihre Lebenszeit und verlieren manchmal den Anschluss an veränderte Bedingungen. Misserfolge werden dann zuweilen nicht bekannt gemacht oder weitergeleitet, sondern mehr oder weniger geschickt vertuscht.

„Aggressive Accounting" war eine der Methoden in diesem Konzern, um die Bilanzen zu verschönern, eine Methode die dem Betrug sehr nahekommt.

Im letzten Jahr dieses Konzerns wurde dann ein rauschendes Fest gefeiert, das dem Gelage des Königs Belschazzar wohl um nichts nachstand. Die Direktoren des Konzerns überboten sich gegenseitig mit Jubelreden über ihre Erfolge und konstatierten das beste Geschäftsjahr seit dem Bestehen der Firma, während einige der Buchhalter schon wussten, dass der Absturz nicht mehr aufzuhalten war.

Der Zusammenbruch dieses Konzerns erschütterte die Weltwirtschaft, aber am bemerkenswertesten ist wohl die Tatsache der Ignoranz und Blindheit der Vorstandsmitglieder und ihrer Getreuen, die dieses Desaster ermöglicht haben.

Der Untergang des Abendlandes
Spengler, Toynbee und die Apokalypse

Kurz nach dem Ersten Weltkrieg kommt ein junger Mann mit seinem Manuskript zum Verleger. Er hat eine Studie angefertigt über den Aufstieg und Niedergang mehrerer Kulturen und dafür einen etwas komplizierten Titel gewählt. Der Verleger erkennt sofort die Bedeutung und Chance dieses Werkes und nennt es schlicht: *Der Untergang des Abendlandes*. Der junge Mann ist Oswald Spengler, und das Buch wird zum Bestseller, weil es genau die Stimmung seiner Zeit spiegelt: Eine Epoche ist untergegangen. Wie soll es mit uns jetzt weitergehen?

Auch Kulturen, ebenso wie Firmen oder Konzerne, Gesellschaftssysteme oder Wirtschaftsstrukturen haben eine bestimmte Lebenszeit. Sie kommen und sie gehen. Wann immer ein grundsätzlicher Wandel eintritt ist es gut, sich an die größeren Dimensionen zu erinnern.

Die Apokalypse ist das letzte Buch der Bibel. Sein Name bedeutet Offenbarung und es beschreibt den Untergang der Welt in großartigen Bildern.

Dieses Buch beruht auf der Vision des Apostels Johannes auf der Insel Patmos, zu einer Zeit als im Römerreich die Christenverfolgung gerade einsetzt. Es soll den Menschen in ihrer Bedrängnis Mut machen und ihr Schicksal in einen größeren Zusammenhang setzen. Sieben Siegel werden geöffnet, sieben Posaunen erschallen und mit ihnen brechen furchtbare Katastrophen über die Welt herein, die sich mit ihren Machtsystemen an die falschen Autoritäten gebunden hat; an das Tier, an den Verführer der Menschheit, an das Geld.

Johannes hat hier offenbar das antike Rom und den Kaiser Nero im Auge; die Vision hat aber eine viel umfassendere Dimension und spricht nicht nur von einem einzelnen historischen Ereignis, sondern von der Geschichte der Menschheit überhaupt. Die Vorlage für die Zerstörungen sind die Ägyptischen Plagen und der Ort der Handlung ist der Thronsaal Gottes, der Ort an dem die großen Entscheidungen getroffen und das Schicksal der Welt gelenkt wird. Die vier Thronträger Gottes, die vier großen Elemente, die sonst die Erde beschützen und in Ordnung halten, werden angewiesen, nun Unheil über die Welt zu bringen.

Die Herrschaft des Kaisers Nero und das Römerreich der Antike sind schon untergegangen. Manche der angedrohten Ereignisse scheinen aber auf die ökologischen Krisen unserer Zeit gemünzt zu sein. Wie sollen wir das verstehen?

Mythologische Bilder sind Bilder, keine wirklichen Ereignisse, sondern Deutungen des Geschehens. Die Welt ist schon öfters untergegangen und trotzdem dreht sie sich noch immer weiter. Wenn eine Kultur oder ein Herrschaftssystem untergeht, dann ist das für diese Kultur ein Weltuntergang, aber nicht für alle anderen. Die babylonische Kultur ist untergegangen, ebenso die ägyptische, die griechische und die römische. Das Mittelalter ist untergegangen, und auch unsere Epoche wird nicht ewig dauern.

Die Bilder der Zerstörung wollen vor allem eines deutlich machen: Menschliche Kulturen neigen dazu, sich in ihre eigenen Vorstellungen und Muster zu verrennen und den Bezug zur größeren Wirklichkeit, also zur Evolution des Planeten, zu verlieren. In diesem Fall greift das Universum ein und sorgt für Ordnung, durch fremde Heere, durch Naturkatastrophen usw. – oder heute eben durch Finanzkrisen. Das Schicksal der Menschheit ist nicht isoliert von der Erde, sondern steht immer in einem größeren Zusammenhang. Und es ist nicht egal, ob in der Menschenwelt Gerechtigkeit herrscht oder nicht. Alle Kräfte der Natur hängen davon ab und beteiligen sich an der globalen Entwicklung.

Arnold Toynbee hat, in gewisser Weise im Anschluss an Oswald Spengler, die Parallelen aufgezeigt, die zwischen dem antiken Römerreich und den modernen Vereinigten Staaten von Amerika bestehen. Diese Parallelen sind viel deutlicher, als man zunächst annehmen möchte und gehen bis in kleine Details. In diesem Sinne ist das alte Buch der Bibel auch für uns aktuell, indem es die geistigen Vorgänge und die welthistorischen Zusammenhänge zur Sprache bringt, auf deren Hintergrund auch unsere Geschichte und sogar unsere Tagespolitik abläuft.

Was ist Gerechtigkeit?

Was ist Gerechtigkeit? Bedeutet es, dass alle das gleiche haben sollen, oder dass bestimmte Regeln eingehalten werden?

Das natürlich auch, aber Gerechtigkeit hat ganz andere Dimensionen, Dimensionen die bis in die Metaphysik reichen. Gerechtigkeit ist eine sehr tief gehende Wirklichkeit, ein Ausstrom des Universums jenseits unserer begrenzten Vorstellungskraft.

Was ist Gerechtigkeit? Es bedeutet, im Einklang zu sein mit den kosmischen Gesetzen, mit der Entwicklung des Lebendigen und mit der Selbstoffenbarung des Geistes. Es ist ein anderes Wort für den Frieden und ein anderes Wort für die Liebe, ein anderes Wort für Einsicht und Verständnis, für Bodhicitta, für den erleuchteten Geist, oder wie Schiller sagt:

„Nein, eine Grenze hat Tyrannenmacht,
wenn der Gedrückte nirgends Recht kann finden,
wenn unerträglich wird die Last -
greift er hinauf getrosten Mutes in den Himmel,
und holt herunter seine ewg'en Rechte,
die droben hangen unveräußerlich
und unzerbrechlich wie die Sterne selbst -
der alte Urstand der Natur kehrt wieder,
wo Mensch dem Menschen gegenüber steht."

Schiller, Wilhelm Tell

Was ist Gerechtigkeit? Es bedeutet, dass die menschliche Gemeinschaft sich nach den höchsten Werten ausrichtet, nach den Werten der seelischen Entwicklung und der Reifung aller Lebewesen.

Die Bedingungen dafür ändern sich ständig, und daher müssen sich auch die Organisation und die Gesetzgebung diesen Veränderungen anpassen. Die Welt ist in einem ständigen Wandel begriffen, daher wandelt sich auch die Gerechtigkeit.

Was früher richtig war, muss es heute nicht mehr sein und ist es in der Zukunft sicher nicht. Der stetige Fluss und Wandel ist ein Teil der Gerechtigkeit.

Legitimität ist dabei ein Schlüsselwort, das in der heutigen Politik immer mehr an Bedeutung gewinnt. Es genügt nicht mehr, einen Krieg zu gewinnen oder die Macht in Händen zu halten; heute muss man diese Macht in zunehmendem Maß auch rechtfertigen, man muss beweisen, dass man die Macht auch verdient, die man ausübt.

In der Vergangenheit kamen die Legitimität und das Recht von oben. Der König oder der Kaiser war der Repräsentant der göttlichen Autorität, in vielen Fällen galt er sogar als Sohn oder Tochter der Götter. Davon leitete sich auch die Legitimation des Adels als Führer der Menschen ab.

Dieses System hat lange Zeit relativ gut funktioniert, aber mit der Erblichkeit der Würde hat die Menschheit sehr schlechte Erfahrungen gemacht. Nicht immer ist der Sohn eines großen und edlen Menschen wieder ein solcher, und zu oft haben Unwürdige oder sogar Schurken die Throne der Könige und des Adels besetzt.

Das Bürgertum und die Vernunft waren eine wirkungsvolle Korrektur dieser Verhältnisse in der Neuzeit; und im 20. Jahrhundert bewegte sich die Legitimität der Herrschaft weiter bis zum Boden, bis zum Wurzelgrund der Gesellschaft, bis zur Masse der Arbeiter. Demokratie und freie Wahlen sind jetzt die Quellen der Herrschaft und der Macht.

Dass dieses System auch völlig in die Irre gehen kann, haben nicht nur der Nationalsozialismus oder der Bolschewismus schrecklich bewiesen.

Was bedeutet nun Gerechtigkeit? Es bedeutet, dass die Herrschaft im Lande von den richtigen Menschen ausgeübt wird, und dass diese Menschen die wirklichen Interessen der Gemeinschaft, also ihre innere, harmonische Entwicklung vertreten und repräsentieren. Dazu müssen sie am Puls der Zeit sein und die Werte selber leben. Führung ist eine zutiefst schöpferische Aufgabe, die hohe Anforderungen an die stellt, die sie innehaben.

Immer wieder ist dieser Gedanke aufgetaucht: Schon Plato schreibt in seinem *Staat* darüber, welche Qualitäten ein Mensch entwickeln muss, wenn er andere führen will.

Gerechtigkeit bedeutet also, im Einklang zu sein mit den Anforderungen der Zeit, mit den Gesetzen des Universums und mit der Bildung der eigenen Persönlichkeit.

Ein wichtiger Aspekt dabei ist dann die Frage, wer genau die Führung in der Gemeinschaft innehat und nach welchen Kriterien diese Positionen vergeben werden. Werden die Privilegien, die mit der Führungsposition gewöhnlich verbunden sind nur konsumiert oder um persönlicher Vorteile oder Eitelkeiten willen angestrebt, oder entspricht die Position einer wirklichen, inneren Würdigkeit?

Die Folgen

Das ist nicht egal, denn die falsche Selektion von Führungskräften kann verheerende Folgen haben, nicht nur für die Regierung eines Landes. Auch alles andere hängt davon ab, welche Werte von der menschlichen Gemeinschaft gefördert werden und welche nicht. Die Gesellschaft, die Natur, ja die ganze Erde hängt in ihrer Entwicklung davon ab, ob die Menschen ihre Rolle im Gesamtzusammenhang spielen oder nicht. Sie sind eingesetzt, als die Herren und Verwalter der Erde. Sie sollen die Gesetze des Geistes in der widerspenstigen Welt der Materie repräsentieren und fördern. Tun sie das, so erhalten sie einen entscheidenden Kraftstrom des Lebens und der Unterstützung. Tun sie das nicht, so ziehen sich die fördernden Kräfte zurück und alles gerät in Verfall und Dekadenz. Das ist die Bedeutung der Bilder der Apokalypse oder auch der großartigen Schau des buddhistischen Sutra vom Goldenen Licht. Die Grundkräfte unserer Welt, auch die physischen, sollen dem Menschen dienen und ihn in seiner Aufgabe unterstützen. Erfüllt aber der Mensch seine Aufgabe nicht, oder geht er in die Irre, dann wenden sich dieselben Kräfte gegen ihn. Die Erde, Wasser, Feuer und Luft beginnen Schaden zu stiften, wie wir das heute in zunehmendem Maße erleben. Die ökologischen Krisen unserer Zeit sind eine direkte Folge der Misswirtschaft unserer Technik, und diese wiederum eine Folge der falschen Werte und Herrschaftsstrukturen unserer Zeit.

Die Selektion von Führungskräften
Konkurrenz und Synergie

Die Selektion von Führungskräften, das heißt die Auswahl der Menschen, die in der Gemeinschaft die Richtung angeben, ist entscheidend für die Entwicklung der Menschheit. Es gibt immer Menschen verschiedener Reife, verschiedener moralischer Qualitäten. Das ist nicht falsch, sondern das macht gerade die Vielfalt und die Schönheit unserer Welt aus. Es gibt verschiedene Aufgaben zu erfüllen, und verschiedene Aufgaben erfordern verschiedene Charaktereigenschaften. Trotzdem ist es so, dass die Führungsaufgaben von den reifsten und besten Menschen ausgeübt werden sollten, von Menschen also, die fähig sind für das Ganze zu denken und zu fühlen, und die auch in Verbindung mit den schöpferischen Kräften stehen, die die Evolution anleiten. Kleine Menschen können das nicht, denn sie sind vor allem mit ihrem eigenen Vorteil beschäftigt und bewegen sich nur, wenn sie einen Gewinn winken sehen.

Wie steht es damit heute? Wir haben seit 100 Jahren keine verbindlichen Werte mehr, und die Verbindung der Führenden zu den Schöpfungskräften spielt fast keine Rolle. Zu oft haben uns falsche Autoritäten in die Irre geführt, als dass man noch jemand vertrauen könnte. Das Einzige, das übriggeblieben ist, ist die Wirtschaft, der Konkurrenzkampf und das Geld. Aus dieser Situation ergibt sich die heutige Selektion von Führungskräften. Entweder jemand ist von vornherein reich oder er hat sich im Konkurrenzkampf mit Ellbogentaktik oder anderen Methoden hochgearbeitet.

Der Darwinismus scheint zu suggerieren, dass dies der normale Zustand in der Entwicklung der Lebewesen ist, aber das ist ein schwerer Irrtum. Neben der Konkurrenz, dem Überleben des Tüchtigsten, gibt es auch die Kraft der Synergie, der gegenseitigen Ergänzung und Zusammenarbeit als Prinzip der Entwicklung. Die Thesen des Darwinismus sind entstanden im England des 18. Jahrhunderts, in einer Zeit als dieses Land eine Rechtfertigung für seine Kolonialpolitik und Weltherrschaft dringend brauchte. Die Gesetze der Synergie, der Zusammenarbeit, sind aber mindestens ebenso bedeutsam.

Eine Häresie, eine Irrlehre, besteht nie darin, dass etwas völlig Falsches behauptet und geglaubt wird. Das würde sich sehr bald herausstellen. Eine Häresie besteht vielmehr in der Überbetonung einer bestimmten Wahrheit auf Kosten aller anderen. Genau das ist heute der Fall. Wir wählen die geschicktesten und stärksten Egoisten aus, um die Gemeinschaft in ihrer Entwicklung anzuleiten, oder wir lassen jene gewähren, die mehr oder weniger zufällig zu Geld gekommen sind. Dass unter diesen Umständen die Krise immer schlimmer wird, sollte uns eigentlich nicht wundern.

Synergie bedeutet Zusammenarbeit. Es bedeutet das Wahrnehmen von Zusammenhängen, die Einsicht in die Einheit des linken und des rechten Endes des Bambusstabes, und es bedeutet eine Verbindung zu den heilenden und schöpferischen Kräften in dieser Welt. Menschen, die diese Qualitäten vertreten, werden heute systematisch an den Rand gedrängt, lächerlich gemacht oder nicht ernst genommen. Hier liegt aber der entscheidende Punkt, um den Zeitgeist zu wenden. Die Krise lässt sich nicht durch einzelne Entscheidungen oder durch organisatorische Maßnahmen lösen, sondern es braucht Tausende und Abertausende kleiner aber richtiger Entscheidungen. Dieser Wandel kann nur von einem Netzwerk und einer Vielzahl handelnder Personen ausgeführt werden. Und für dieses Netzwerk braucht es förderliche Rahmenbedingungen, also zunächst eine allgemeine Einsicht und Achtung vor diesen Qualitäten.

Synergie, die andere Evolution, ist uns nämlich nicht so unbekannt, wie es zunächst scheinen möchte. Es sind die „weiblichen" Qualitäten des Menschen, die hier infrage stehen. Mit unserer einseitigen Betonung des männlichen, patriarchalen, kriegerischen Elementes sind wir völlig aus dem Gleichgewicht geraten. Diese Qualitäten waren wahrscheinlich für eine bestimmte Phase der Menschheitsentwicklung richtig und notwendig, aber diese Phase geht eindeutig ihrem Ende zu - und je länger sie künstlich oder gewaltsam aufrechterhalten wird, desto schlimmer werden ihre Zerrformen und Verrücktheiten. 640.000.000.000 $ (geschrieben 2014) betragen die Rüstungsausgaben allein der USA jährlich.

Augenblick verweile doch, Du bist so schön!

Amerika

Amerika - Land der unbegrenzten Möglichkeiten, Land der Hoffnung. Was für ein Gefühl muss das für einen Auswanderer gewesen sein, den Hafen von New York zu erreichen und die Freiheitsstatue zu sehen. Was für ein Gefühl und was für eine Lebensstimmung!

Amerika, die Vereinigten Staaten, waren lange Zeit das Symbol für den Fortschritt und für ein gelungenes Leben in Pracht und Überfluss; ein Land der Befreiung von der bedrückenden Enge der althergebrachten Strukturen des rückständigen Europa.

Von hier kam am Ende des Ersten Weltkriegs auch das Signal der Versöhnung. Ein Völkerbund sollte gestiftet werden, der dem Krieg ein für alle Mal ein Ende setzt. Mit großen Hoffnungen wurde der amerikanische Präsident Wilson empfangen, um die zerstrittenen Nationen des alten Kontinents an einen Tisch zu bringen.

Aber es war wohl noch zu früh. Der Versuch scheiterte und stattdessen wurde die nächste Katastrophe vorbereitet, der Irrweg des Nationalsozialismus und der Zweite Weltkrieg. Nach diesem Krieg waren die USA ganz oben, der eindeutige Sieger und der Nutznießer der Ereignisse. Das amerikanische Jahrhundert war mit Macht gekommen und hatte das British Empire in der Weltherrschaft abgelöst. Der amerikanische Traum, sein Glaube, seine Wirtschaftsform, seine Werte und seine Denkungsart wurden jetzt bestimmend für den ganzen Planeten, und als sich die Sowjetunion 40 Jahre später auflöste und den kalten Krieg verloren gab, wurde diese Herrschaft absolut.

Gehen wir davon aus, dass die Geschichte nicht zufällig abläuft, sondern in ihren großen Zügen einen Sinn hat und ein Ziel verfolgt, dann können wir annehmen, dass die am höchsten entwickelte Nation Kriegsglück hat und die Führung antritt.

Was also wäre das Verdienst und die besondere Qualität der Vereinigten Staaten von Amerika?

Es ist, wie der Name schon sagt, die Fähigkeit zur Vereinigung verschiedener Nationen zu einem harmonischen Ganzen, ein Prozess der Synergie. Die zerstrittenen europäischen Nationen, Franzosen, Deutsche, Engländer, aber auch Afrikaner, Chinesen und viele andere können hier friedlich zusammenleben und einander bereichern, statt sich ständig zu bekämpfen. Dazu kommt das Fehlen der althergebrachten Herrschaftsstrukturen von Adel und Kirche, von Tradition und Gewohnheit. Wer hier gute Qualitäten hat, der kann sie entwickeln, ganz egal welcher Herkunft er ist. Jeder kann etwas aus sich machen und der Schuhputzer kann es bis zum Millionär bringen.

Für viele Menschen hat sich hier wirklich ein großer Traum erfüllt und der Flug eines Menschen zum Mond und zurück war ein großartiges Symbol für die Kraft dieser Lebenshaltung.

Erinnern wir uns noch einmal, Synergie und Vereinigung sind die Schlüsselworte der fruchtbaren Entwicklungen im 20. Jahrhundert. Die Vereinigten Staaten waren ein Erfolg, die Sowjetunion, die Vereinigung der kommunistischen Staaten, war ein Erfolg, und die Unfähigkeit der europäischen Nationen sich am Anfang dieses Jahrhunderts zu vereinigen, war die wirkliche Ursache des Ersten Weltkriegs (– so ähnlich wie im alten Griechenland die Unfähigkeit der Stadtstaaten sich zu vereinigen, eine frühere Kolonie, nämlich Rom, zur Weltherrschaft brachte.) Erst als man nach dem zweiten Krieg die Stahlindustrie der beiden Erzfeinde Frankreich und Deutschland in der EWG vereinigte, war Schluss mit den dauernden Konflikten. So wurde auch die Europäische Union schließlich zu einem Erfolg, selbst wenn sie noch bei weitem nicht die Dynamik gewonnen hat, die in ihr angelegt wäre.

A Rakes Progress
Karriere eines Wüstlings

A Rakes Progress ist der Name einer Oper von Igor Strawinsky. Diese Oper wurde geschrieben als Strawinsky, um den politischen Wirren seines Heimatlandes zu entgehen, nach Amerika emigrierte. Hellsichtig, wie es große Künstler manchmal sind, hatte er den Schatten des amerikanischen Traums, seine Gefahren und Misstöne, wohl erkannt und in Musik und Bild gekleidet um die Menschen seines Gastlandes rechtzeitig zu warnen. Die Vorlage für diese Oper ist eine Bilderreihe, die den zunehmenden Abstieg eines jungen Mannes darstellt, der dem Wahnsinn verfallen ist. Er verfügt über große Reichtümer, verkennt aber seine wahre Liebe und hält sich stattdessen an die Frau des Erfolges. Der Showmaster spielt eine entscheidende Rolle in seinem Leben und in der Handlung, die in einem Kartenspiel mit dem Teufel ihre Deutung findet; ein Spiel, das der Held sicher zu gewinnen glaubt, während er in Wirklichkeit gar keine Chance hat, da ihn der Luftgeist betrügt.

Der Schatten des amerikanischen Traums ist zugleich der Schatten der Neuzeit. Was schon Goethe vorausgeahnt hat, wird hier und heute immer deutlicher sichtbar. Was am Anfang ein Vorteil ist, das Fehlen der alten Strukturen und der Werte, und gleichzeitig der fast unerschöpfliche Reichtum an natürlichen Ressourcen, wird jetzt zum Fluch.

Schon nach relativ kurzer Zeit, in historischen Maßstäben gerechnet, erstarrt nämlich hier die Freiheit des Anfangs. Statt der Adelsstrukturen gibt es jetzt hauptsächlich das Geld und den Besitz, der ebenso vererbt wird wie früher ein Adelsbrief.

Die Gesellschaft ist längst nicht mehr so durchlässig wie früher und die Schranken zwischen Arm und Reich sind höher als sie jemals zwischen Bürgern und Fürsten waren.

Statt großer Ideale regiert nur noch der Egoismus, anonyme und ungreifbare Konzerne oder Interessensgruppen, Lobbys, übernehmen jetzt die Herrschaft, statt einzelner verantwortungsbewusster Persönlichkeiten. Die anonyme Masse wird, ähnlich wie der Pöbel von Rom, zum beherrschenden Faktor, der wiederum von eigenartigen Kräften, Moden, Strömungen und besonders von Ängsten dominiert wird. Aus einer Nation des Fortschritts ist in kurzer Zeit ein unklares und diffuses Durcheinander geworden, vor dem niemand mehr auf der Welt Achtung hat.

Am Ende des kalten Krieges, bei der Auflösung der Sowjetunion, wäre es wahrscheinlich möglich gewesen, eine Weltordnung einzuführen, die diesen Namen verdient. Aber diese große historische Chance wurde vertan. Führerlos und steuerlos treibt die Welt dahin, und das in einer Zeit, in der ein gemeinsames Handeln dringend notwendig wäre. Es ist eine Sache, einen Krieg zu gewinnen, eine andere, ein Land zu regieren und wieder eine andere, das Schicksal der Menschheit zu gestalten.

Der amerikanische Traum hatte verschiedene Möglichkeiten und hat großartige Dinge vollbracht, aber jetzt scheint er sich zunehmend in einen Albtraum zu verwandeln.

Der Herr der Ringe

Mythen und Träume sind keine Erfindungen, sondern sozusagen Naturprodukte des Geistes. Sie sind keine Unterhaltung und kein Zeitvertreib, sondern die Deutung der Vorgänge unseres täglichen Lebens in plastischen Bildern, die die Seele unmittelbar versteht, ähnlich wie die Klänge der Musik, die direkt auf uns wirken, auch ohne, dass der Verstand bemerkte, wie das vor sich geht.

Einer der wichtigsten Mythen des 20. Jahrhunderts ist *Der Herr der Ringe* von J. R. R. Tolkien. Der englische Mythen- und Sprachforscher hat dieses Buch um die Mitte des Jahrhunderts geschaut und geschrieben. Das Buch wurde ein großer Erfolg, in viele Sprachen übersetzt und vor kurzem aufwendig verfilmt. Das Hauptmotiv ist ein Ring, ein Ring der Macht, der so gewaltig ist, dass er auch alle anderen Ringe dieser Art beherrscht. Gute

Dinge werden mit diesen Ringen geschaffen, und sie verleihen auch die Gabe, Menschen und andere Wesen zu leiten und zu führen.

Aber dieser Ring, der Eine Ring, der Herr der Ringe, hat einen furchtbaren Schatten. An ihn geknüpft ist ein dunkles Wesen, das ihn ursprünglich geschmiedet hat, in den Feuern des Schicksalsberges.

Vor langer Zeit schon wurde dieses Wesen, das keine eigene Gestalt hat, in einem großen Kampf besiegt, und für lange Zeit schien es aus der Geschichte der Welt verschwunden. Aber jetzt regt es sich wieder und seine Macht scheint größer als je zuvor. Der Ring selbst befindet sich bei einem unscheinbaren, kleinen Menschen, einem Hobbit in der Erzählung, der stark an einen harmlosen, ländlichen Engländer erinnert. Er gebraucht den Ring zunächst als eine Art Spielzeug, ohne seine gefährlichen Dimensionen zu ahnen.

Im Laufe des Mythos entbrennt ein apokalyptischer Krieg zwischen den dunklen Kräften und den Verteidigern der „freien Welt" mit verschiedenen Phasen und kämpfenden Parteien, der aber nicht das Entscheidende ist. Entscheidend ist vielmehr die Vernichtung des Einen Ringes in den Feuern des Schicksalsberges, wo er einst geschaffen wurde. Der kleine, einfache Hobbit muss sich dazu auf einen gefährlichen Weg machen und in das Herz des Machtbereichs des dunklen Herrschers gelangen, um dort mehr oder weniger freiwillig auf dieses unheilvolle Werkzeug zu verzichten.

Das Wagnis gelingt und das Reich des Bösen bricht in sich zusammen. Ein neuer König erscheint und ein neues Zeitalter des Friedens und des Wiederaufbaus folgt den Zerstörungen.

Soviel in kurzen Worten zu dem Mythos, der drei dicke Bände füllt.

Was mag das bedeuten? Manche Einzelheiten des Mythos können ganz gut auf die Vorgänge im Zweiten Weltkrieg bezogen werden, zum Beispiel die verführerische Stimme Sarumans, des Zauberers, auf die Propagandamaschinerie Hitlers oder anderer Diktatoren. Der zweifache Aufstieg und Fall des dunklen Herrschers erinnert an die Apokalypse, in der ebenfalls zwei Phasen des Kampfes berichtet werden. Der erste Aufstieg wäre dann im Römerreich der Antike und bei den Christenverfolgungen zu finden, der zweite Aufstieg, bei dem der Teufel für kurze Zeit freigelassen wird, um die Menschheit nochmals zu verführen, heute. Gondor, das freie Land der Menschen, das keinen König hat, sondern nur einen Verwalter, könnte man auf die modernen Demokratien des Westens deuten, aber solche Deutungen sind niemals präzise, denn immer geht es um weit verzweigte, unsichtbare Konstellationen - Vorgänge eben, wie sie die Menschheitsgeschichte gestalten.

Das zentrale Bild aber, der Herr der Ringe, die Schlange, die sich selbst in den Schwanz beißt, der Ouroboros, was mag er hier bedeuten?

Schon Goethe hat versucht, das Wesen und den Kern des Paktes zu erfassen, der den Menschen der Neuzeit an die Macht gebracht hat, der ihn aber auch in gefährlicher Weise verführt und einer dunklen Macht ausliefert. Was ist diese Kraft, die zunächst Gutes schafft, von der man sich aber zuletzt freiwillig lösen muss?
Es könnte sein, dass es sich hierbei um den Trick Descartes handelt, um die einseitige Entwicklung der niederen Vernunft auf Kosten aller anderen Aspekte einer größeren Wirklichkeit. Dieser Trick war ungeheuer erfolgreich. Er hat uns Wissenschaft und Technik beschert, Organisation und Selbstbewusstsein, Bildung und Intelligenz. Aber vielleicht liegt hier wirklich eine große Gefahr verborgen, eine Gefahr, die ganz besonders im Kollektiv auftritt.

Die buddhistische Analyse würde diesem Verdacht zustimmen. Die gestaltende Tat und die Ursache des dualistischen Ich-Bewusstseins ist die Grundlage der Wandelwelt des Samsara, und damit der Laster und der Leiden der Menschheit. Die Trennung der Welt in Subjekt und Objekt, in Innen und Außen, und die Annahme eines punktförmigen Kerns als außenstehender Beobachter ist nicht so harmlos, wie sie zunächst scheinen mag. Und die Aufgabe dieser Illusion zieht keineswegs die Auslöschung der Persönlichkeit nach sich, sondern vielmehr ihre Vermenschlichung und Befreiung.
All das mag uns heute unwahrscheinlich erscheinen, so sehr sind wir an unser Weltbild gewöhnt, so sehr hat es unsere Ge-

sellschaft integriert und so sehr verlassen wir uns darauf - aber vielleicht lohnt sich an dieser Stelle ein wenig berechtigter Zweifel, ganz besonders angesichts der Krisen und der Mythen unserer Zeit.

Aber kehren wir nach diesem Ausflug in die Metaphysik wieder in die Welt der harten Fakten zurück, also in die Welt der Wirtschaft, der Wissenschaft und des Kapitals.
Wie sieht der Schatten des Abendlandes hier aus, in der Welt der Zahlen und Organisationen, statt in der Welt der Bilder von dunklen Herrschern, mächtigen Ringen und apokalyptischen Kriegen.

London, Juni 2008,
kurz nach der großen Finanzkrise

Die Queen, im üblichen Kostüm, besucht die London School of Economics. Sie soll dort ein neues Gebäude einweihen. Bei dieser Gelegenheit stellt sie dem Leiter des Instituts eine Frage, die damals die ganze Welt bewegt. Die Queen hat guten Grund zu dieser Frage, denn das Königshaus hat an Aktien und Wertpapieren etwa 100.000.000 £ verloren. „Wie war es möglich, dass von all diesen hoch bezahlten und renommierten Experten kein einziger die Krise vorhergesehen und mich gewarnt hat. Wie konnte ein so gewaltiges Ereignis völlig unbemerkt bleiben?" Die Antwort war klar und in ihrer Deutlichkeit erschütternd: „Jeder der Spezialisten hat nur auf seinen kleinen, begrenzten Bereich geschaut, und hier alles richtig gemacht. Aber niemand ist für das Ganze verantwortlich, niemand hat mehr den Überblick über die globale Entwicklung."

Geld

Der teure Sportwagen fährt in die Tiefgarage. Durch eine Sicherheitstür geht es zum Lift und dann hinauf in den Wolkenkratzer mit den großen Glasscheiben. Oben angekommen betritt unser Mann das Großraumbüro und begibt sich an seinen Arbeitsplatz, ein paar Bildschirme, ein, zwei Tastaturen und Mäuse, ein Telefon, wie das Cockpit einer Raumfähre. Die Computer werden gestartet, der Raum füllt sich mit den Kollegen und das große Spiel kann beginnen. Hier wird die Wirtschaft unserer Welt gesteuert, die Wirtschaft und die Scheinwirtschaft, eine virtuelle Welt von Börsen, Internetfirmen, Versicherungen usw. Hier wird mit Finanzprodukten gehandelt, eigentlich ein absurdes Wort, denn welche Produkte kann die Finanz schon schaffen? Trotzdem geht von hier, von dieser Scheinwelt, eine gewaltige Macht und Faszination aus, wie ein Bazillus der alle erfasst, die mit ihm in Berührung kommen.

Unser Mann verdient 100.000 $ im Monat, er ist von der gewöhnlichen Wirklichkeit völlig abgehoben, er braucht sich darum nicht mehr zu kümmern und sie existiert für ihn fast nicht mehr, außer als Kulisse für seine Urlaube und andere Spielchen. Von diesem Spieltisch aus, es ist übrigens die Etage einer großen Bank, wird nun eine gewaltige Enteignung fast völlig legal abgewickelt. Natürlich hat man Hunderte und Tausende Anwälte, um sich zu schützen. Hier wird alles und jedes zu Geld gemacht, und alles und jedes erpresst; Nahrungsmittel, Firmen, ganze Länder werden ausgesaugt. Griechenland ist schwach, ganze 30 % könnte es noch auf seine Schulden bezahlen, aber manche der Schulden laufen nach griechischem Recht, andere nach englischem. Bei englischem Recht kann man den Staat zwingen, 100 % auf seine Schuldscheine zu zahlen, also werden diese Schuldscheine günstig aufgekauft, um dann den Staat damit zu erpressen. Ein großartiges Geschäft! Die Bürger Griechenlands bluten, die Eurozone wird gezwungen, zuzuschießen, die Geschäftemacher haben auf der ganzen Linie gewonnen. Und das ist erst der Anfang. Weiter geht es mit Portugal, Spanien, vielleicht Italien und dann Frankreich. Fällt Frankreich, dann ist das Spiel zu Ende, zumindest für Europa, denn diese Summen kann niemand mehr schultern und der Euro zerbricht.

Die Kriege der Vergangenheit werden heute zunehmend in der Wirtschaft und in der Finanzpolitik ausgefochten und ebenso wie früher ist der Verlierer immer der kleine Mann oder die kleine Frau auf der Straße, denen man die Lebensgrundlage raubt, die Häuser vernichtet und das Vertrauen ins Gemeinwesen ruiniert. So wie früher, in den heißesten Phasen des kalten Krieges, sind es heute die Computer, die das Schicksal von Millionen Menschen in der digitalen Hand halten. Früher war es die Vorwarnzeit von wenigen Minuten für einen atomaren Erstschlag, heute sind es minimale Schwankungen in den Börsenkursen oder in der Notierung einzelner Währungen, die eine Katastrophe auslösen können. 22 Sekunden (!) beträgt heute die durchschnittliche Haltedauer einer Aktie, und je näher der Rechner einer Bank zur New Yorker Börse steht, desto schneller kann er seine Einsätze platzieren, denn es geht hier um Sekunden und Mikrosekunden, in denen riesige Geldmengen hin und her geschoben werden. Wir sind einem rasenden Computerspiel ausgeliefert, das niemand mehr wirklich versteht oder beherrscht. Das Potential nuklearer Sprengköpfe steckt heute in den zahllosen Milliarden frei fließender Dollars oder anderer Währungen, einer Schlammflut, die uns offensichtlich über den Kopf gewachsen ist.

Die Akteure in diesem Spiel, die Manager, die Händler usw., werden fürstlich bezahlt und mit Privilegien überschüttet, so dass sie alle Skrupel vergessen und anscheinend nicht mehr wissen, was sie tun und welchen Schaden sie für die Menschheit anrichten. Es ist wie beim Fest des Königs Belschazzar oder bei der Jubelfeier von Enron kurz vor dem Zusammenbruch. Die kollektive Verblendung hat ein Maß erreicht, das kaum noch zu überbieten ist und das dringend nach einer Veränderung und Korrektur schreit.

100 Jahre Krieg sind genug. Sei es ein Krieg mit konventionellen Waffen, sei es ein Wirtschaftskrieg oder sei es der Finanzkrieg, es ist immer dasselbe.

Der Krieg mit den gewöhnlichen Waffen hat nichts genützt, die Menschheit zu vereinigen. Auch der Atomkrieg und der gefährliche Poker der nuklearen Aufrüstung hat nicht gereicht. Die ökologischen Krisen und der Wirtschaftskrieg haben nicht gereicht, um die Menschheit um einen Tisch zu versammeln und zu wirklichen Lösungen zu kommen. Aber vielleicht schafft es die Finanzkrise. Vielleicht kommt hier wirklich die nötige Einsicht in Gang, um das Schlimmste zu verhindern und eine gemeinsame Lösung zu finden.

Die Lösung ist nämlich erstaunlich einfach. Geld ist ja nichts anderes als ein Verteilungsschlüssel von Vorteilen in der von Menschen organisierten Welt. Es ist eine rein virtuelle Wirklichkeit, eine durch und durch erfundene Welt, die nur deshalb so bestimmend ist, weil wir alle daran glauben. Wird dieser Glaubenssatz gelöst oder verändert, dann lassen sich die Probleme auf diesem Gebiet spielend lösen.

Keine einzige Fabrik verschwindet, kein einziger Acker wird unfruchtbar und keine einzige Stadt wird zerstört, wenn man das Finanzsystem grundsätzlich korrigiert. Bei den Finanzkrisen geht es letztlich um die Projektionsfelder von menschlichen Werten, von Grundannahmen über die Wirklichkeit und den Sinn des Lebens, also um Glaubenssätze.

Es ist natürlich gefährlich, sich hier einzumischen, denn die moderne Welt bekämpft die Propheten einer anderen Religion mindestens ebenso eifrig wie die Inquisition der Kirche früher alle Konkurrenten. Hier ist ein geistiger Kampf zu führen, der höchste Anforderungen stellt. Wer die Finanzkrisen wirklich lösen will, der muss sich diesem Kampf stellen.

Die Öl-Geld Falle

Die inneren Vorgänge haben auch eine nachvollziehbare äußere Logik. Menschliche Gemeinschaften beruhen auf bestimmten Zusammenhängen, die nur eine bestimmte Zeit lang tragen, zum Beispiel die Sklavenwirtschaft in Rom oder das billige Öl im 20. Jahrhundert.
Wenn man aufs Ganze blickt, sind unsere Probleme weder überraschend noch schwer zu erklären. Wir sind in allen Bereichen an die Grenzen des Wachstums geraten und spüren jetzt die Folgen der Übertreibung. Die Bäume wachsen nicht in den Himmel, das ist eine banale Weisheit, die auch für unsere Wirtschaft und für die Entwicklung der Menschheit als Ganzes gilt. Grenzenloses Wachstum ist auf unserem Planeten mit seinen begrenzten Ressourcen nicht durchführbar. Versucht man es trotzdem, so wird man die Folgen spüren. Man kann sich eine Weile lang verschiedenen Illusionen hingeben, man kann die Wahrheit verleugnen, den Kopf in den Sand stecken und so tun, als wäre alles in Ordnung. Man kann ein Loch nach dem anderen flicken, wenn es so deutlich sichtbar geworden ist, wie zum Beispiel das Ozonloch, aber wenn man den Trend nicht ändert, kann man den Folgen nicht entgehen.
Ein besonderes Beispiel dieser Entwicklung ist das Finanzsystem, der eigentliche Kernbereich der modernen Wirtschaftsentwicklung. Dieses System, in seiner jetzigen Form, wurde im We-

sentlichen nach dem Zweiten Weltkrieg aufgebaut und basiert auf dem Wirtschaftsmodell und den Interessen der damaligen Siegermacht, den USA. Der Dollar ist die Leitwährung, und insbesondere die Währung in der das Ölgeschäft verrechnet wird. Wenn andere Länder Währungsreserven anlegen wollen, dann müssen sie das in der Leitwährung, in Dollar, tun. Zunächst war der Dollar, zumindest theoretisch, an den Goldwert gebunden. In Fort Knox lag eine große Menge dieses edlen Metalls bereit, um den Wert der Scheine zu garantieren, und um im Prinzip einwechselbar zu sein.

Dieses System, diese Deckung wurde in den siebziger Jahren während der Amtsperiode von Präsident Nixon aufgegeben. Seither steht dem Dollar, und damit der Weltwährung, kein stabiler Wert mehr gegenüber, und die Geldmenge kann grenzenlos wuchern. Bei dem Abkommen von Bretton Woods wurde überdies festgelegt, dass die USA jene Geldmenge, die sie als Währungsreserven an andere Länder verkauft, im eigenen Land nachdrucken kann, ohne am System etwas zu ändern.

Das sind, sehr grob gesprochen, die Rahmenbedingungen des Systems, das heute aus allen Fugen gerät. 13 Trillionen (!) Dollar (geschrieben 2014!) sind heute in Umlauf. Ich wusste zunächst nicht einmal mit wie vielen Nullen man diese Zahl schreibt - es sind dreizehntausend Milliarden - aber diese unglaublichen Summen wurden von den USA bereits herausgegeben.

Was ist hier geschehen?

Es ist bekannt, dass für Geld, wenn man es verleiht, Zinsen verrechnet werden. Das bedeutet, mit anderen Worten, dass die Geldmenge durch diese Zinsen ständig wächst, ganz automatisch, mit mathematischer Sicherheit. Natürlich handelt es sich nicht nur um Zinsen, sondern auch um Zinseszinsen, das heißt die Geldmenge befindet sich in einem exponentiellen Wachstum, nicht allmählich, sondern immer schneller und immer schneller, ebenfalls mit mathematischer Notwendigkeit.

Die Geldmenge wächst also erstens, weil Währungsreserven vergeben und nachgedruckt werden, zweitens weil die Zinsen das Kapital automatisch vergrößern und drittens, weil ein weiterer Effekt hinzukommt, der durch die Kreditvergabe und durch sogenannte „Finanzprodukte" entsteht. Jedes Mal, wenn ein Kredit vergeben wird, erhöht sich nämlich die verfügbare Geldmenge um genau jenen Betrag. Wird der Kredit zurückgezahlt, verschwindet dieser Effekt. Nur werden heute Kredite im großen Maßstab nicht mehr zurückgezahlt, sondern türmen sich als Schuldenberge in unglaublicher Höhe. In diesem Graubereich unkontrollierbarer Finanzprodukte wuchern jetzt natürlich allerlei Sumpfgewächse, sogenannte Derivate, die unter anderem für den letzten Zusammenbruch des Finanzsystems verantwortlich gemacht werden.

Aber kehren wir zum Wesentlichen zurück. Die Geldmenge wächst. Die Geldmenge wächst schnell, und die Geldmenge wächst unaufhörlich und unkontrollierbar. Und die Geldmenge wächst exponentiell. Jeder Mathematiker weiß, dass exponentielles Wachstum früher oder später ins Unendliche läuft und jedes Maß sprengt. Aber genau das ist die Grundlage unseres derzeitigen Finanzsystems.

Was bewirkt dieses System?

Da die realen Werte auf dieser Erde nicht mit dem Tempo der Finanzentwicklung mithalten können, wird die reale Wirtschaft immer verrückter. Es geht nicht mehr darum, Dinge zu produzieren, die die Menschen brauchen, sondern es geht nur mehr darum, finanzielle Gewinne zu machen. Wenn es Geld bringt, werden die unnötigsten und verrücktesten Dinge unternommen. Es geht dabei nicht nur um Industrien, um Waren und Produktion, sondern es geht natürlich auch um Menschen und Dienstleistungen. Alles, was früher gratis war und auf menschlichen Zusammenhalt beruhte, wird jetzt in ein Geldgeschäft verwandelt, um der wuchernden Geldmenge irgendeine, auch noch so verrückte Rechtfertigung zu geben. Früher gab es die Seelsorge durch die Kirche und den verwandtschaftlichen Rat oder die Selbstheilungskraft einer Familie. Heute wird das alles durch die Therapieszene und die Beratungswirtschaft in ein riesiges Geschäft verwandelt. Die Firma Mercedes war früher ein Industriebetrieb zur Herstellung von Fahrzeugen. Heute ist dieser Geschäftsbereich minimal im Vergleich zu den Finanzprodukten dieses Konzerns. Überall wohin man sieht, wird das menschliche Leben zum Geldgeschäft. Und das gilt natürlich nicht nur für die entwickelte Welt, sondern auch für Asien und Afrika. Wer ein Mobiltelefon will, und das sind fast alle, der braucht auch ein Konto. Für die Entwicklung von Mikrokrediten, so heilsam sie auch im einzelnen Fall sein mögen, bekommt man heute den Friedensnobelpreis. Auf den verrücktesten Gebieten schleust man Geld und die Verrechnung in Geld ein, um der wuchernden Finanzblase irgendeine Rechtfertigung zu verschaffen. Die explosionsartige Entwicklung der Industrie in China wurde ebenfalls über diese drückende und wuchernde Geldflut finanziert, die seit dem Ende des kalten Krieges die so genannte Globalisierung vorantreibt. Aber auch die rasante Industrialisierung des gesamten Planeten kann dem Tempo des Wucherns dieser Schlammflut keinen realen Gegenwert entgegensetzen.

Die Geldmenge steigert sich also ins Unermessliche, während die wirklichen Werte nur ganz allmählich wachsen können. Trotzdem hat das System schon sehr lange funktioniert und funktioniert immer noch, wenn auch geschüttelt durch Krisen. Wie ist das möglich?

Es liegt am billigen Öl. Man kann Öl relativ leicht aus der Erde pumpen, das kostet nicht viel. Und man kann das Öl oder das Gas sehr teuer verkaufen, denn es wird in der heutigen Wirtschaftsform dringend gebraucht. Mit der sicheren und einfachen Gewinnspanne zwischen der Produktion und dem Verkauf von Öl und anderen fossilen Brennstoffen wird das wahnwitzige Finanzsystem vorläufig noch stabil gehalten. Der ständige Profit, der aus dieser Quelle strömt, ermöglicht es, die riesigen Schuldenberge, die sich angesammelt haben, immer weiter zu verlängern.

Nota bene, diese Schulden werden nicht mehr von einzelnen Menschen oder Unternehmen gemacht, es sind die Staaten, die in dieses System verwickelt sind. Staaten können Gebühren einheben, Staaten können eine Mineralölsteuer fordern, Staaten sind sehr gute Gläubiger, weil sie kaum bankrottgehen können. So scheint es zumindest.

Heute sehen wir, dass auch das nicht mehr gilt. Ein Land wie Griechenland ist bankrott. Es kann seine Staatsschulden nicht mehr bezahlen. Das ist natürlich nur ein kleines Symptom. In Wirklichkeit sind fast alle westlichen Staaten bankrott, aber das zeigt sich nur an den schwächsten Gliedern. Egal was man tut, andere werden folgen und müssen folgen. Solange die Geldmenge weiter exponentiell wächst, gibt es kein Entrinnen aus dem finanziellen Kollaps.

Was die Situation noch weiter verschärft sind zwei große Trends: die Entwicklung Asiens, deren Industrie die westliche Welt überholen kann und, wahrscheinlich der wesentlichste Faktor, das Ende des billigen Öls. Es mag, wie uns versichert wird, noch Ölreserven auf diesem Planeten geben. Aber ihre Förderung wird immer teurer werden und es wird unmöglich sein, das finanzielle Loch damit zu stopfen.

Der Zusammenbruch des Finanzsystems ist also vorprogrammiert und wird mit mathematischer Sicherheit eintreten, wenn nicht die Rahmenbedingungen radikal verändert werden.

Diese Veränderungen wären für einen vernünftigen Menschen sehr einfach durchschaubar und durchführbar. Sie gelingen nur deshalb nicht, weil die Menschheit nicht willig oder nicht fähig ist, sich an einen Tisch zu setzen, die nationalen Interessen beiseite zu schieben und eine gemeinsame Lösung zu finden.

Die Geschichte des Kapitalismus

Geld regiert die Welt. Das ist heute ein Naturgesetz. Aber war das immer so? Ist das selbstverständlich, liegt das in der Natur der Sache oder ist es so geworden?

Als die spanischen Eroberer gerade dabei waren am amerikanischen Festland Fuß zu fassen, wurden sie einmal in das Haus eines Kaziken, eines führenden Häuptlings der ursprünglichen Bewohner dieses Kontinents eingeladen. Als Gastgeschenk bekam der kleine Trupp, neben anderen Dingen, auch eine ansehnliche Menge Goldes. Die Neuankömmlinge waren wie weiße Götter begrüßt worden, aber jetzt staunten die Gastgeber, wie diese Götter plötzlich ihre Einigkeit aufgaben und wie Tiere übereinander herfielen. Messer wurden gezückt, Streit entbrannte, und es entwickelte sich jenes seltsame Phänomen beim modernen Menschen, das die Kinder der Natur nur mit Staunen und Unverständnis betrachten konnten. Eine Hand voll Gold, ein wenig Geld, lässt diese Menschen jeden Anstand vergessen und macht sie zu egoistischen Tieren.

Reichtum galt in allen Kulturen als etwas Erstrebenswertes und Gutes, aber diesen Reichtum zum höchsten und zum einzigen Wert zu machen, ist etwas anderes.

Wie ist das gekommen?

Der erste Impuls einer neuen Zeit ist gewöhnlich eine neue Religion. Und am Anfang der Neuzeit steht eine neue Religion, die Reformation Luthers und anderer protestantischer Prediger. Die Vernunft hält Einzug in den Glauben und der Schwerpunkt verlagert sich vom Himmel und vom Jenseits auf die Erde. Der christliche Glaube wird neu interpretiert und ausgelegt, die Werte wandeln sich und das Gottesbild verändert seine Gestalt. Maria und Marta sind Schwestern. Beide dienen Jesus, aber Maria sitzt zu Füßen des Meisters und hört seine Worte, während Marta für die Bedienung der Gäste im Haus sorgt. Die eine übt den Weg der Kontemplation, die andere den Weg der tätigen Nächstenliebe. In der Neuzeit und in der Reformation wird das Schwergewicht auf den zweiten Weg gelegt, die Arbeit an der Welt ist die Erfüllung des göttlichen Auftrags. Besonders deutlich wird dies im Calvinismus ausgelegt. Das Heil des Menschen liegt in der göttlichen Erwählung. Für diese Erwählung kann man eigentlich nichts tun, sie hängt nur von der göttlichen Gnade ab. Sie zeigt sich aber im wirtschaftlichen Erfolg. Großes Einkommen, der Besitz von Geld, ist ein Ausdruck göttlicher Erwählung und damit auch eine Garantie für das Seelenheil. Diese Haltung ist der Motor der wirtschaftlichen, technischen und sozialen Entwicklung der Neuzeit. Die protestantische Ethik, wie Max Weber diese Haltung genannt hat, ist die spirituelle Grundlage des modernen Materialismus. Sie ist die vorherrschende Religion in den Machtzentren der USA und das Erfolgsprinzip der Vereinigten Staaten. Überall dort, wo diese neue Religion aufblüht, entsteht zwei oder drei Generationen später ein Kraftzentrum der Industrialisierung.
Bei großem wirtschaftlichem Erfolg wird allerdings langsam, und später immer schneller, die religiöse Seite des Programms vergessen und ausgeblendet. Zunächst arbeitet man noch, um Gott zu dienen und um seine Auserwählung sichtbar zu machen. Später arbeitet man nur noch um kreditwürdig zu sein. Es ist beinahe dieselbe Ethik, beinahe dieselben Argumente, aber der spirituelle Aspekt geht völlig verloren und bleibt nur als vage Erinnerung zurück.
Das also ist der geistige Rahmen in dem sich der moderne Kapitalismus bewegt.

Geld allein ist ein Tauschmittel. Kapital ist etwas ganz anderes. Kapital ist der Motor der Wirtschaftsentwicklung, insbesondere der Motor der Industrialisierung. Kapital erlaubt es, Maschinen anzuschaffen, die die Handarbeit ersetzen und die Waren viel besser und billiger herstellen können als früher. Kapital erlaubt es, Arbeiter anzustellen und über sie und ihre Lebensbedingungen zu verfügen.

Karl Marx, der große Theoretiker, hat diesen Prozess im England des 19. Jahrhunderts präzise beschrieben und durchschaut. England war damals die größte Wirtschaftsmacht des Planeten, hier lag das Zentrum der Entwicklung, das sich später, besonders mit dem Ersten Weltkrieg, nach Amerika verlagerte.

Kapital ist eine Geldmenge, Kapital ist ein Kredit, Kapital ist eine Kraft, die die wirtschaftliche Entwicklung lenkt und die tief in die Lebensverhältnisse der Menschen und in ihr Seelenleben eingreift. Es reißt die Menschen aus ihren gewachsenen Verhältnissen, aus ihren Familien, von ihrem Grund und Boden und ordnet sie in die Maschinerie der Waren- und Dienstleistungsproduktion ein.

Dabei gibt es verschiedene Phasen mit verschiedenen Schwerpunkten und Erklärungsmustern.

Zunächst ist es der Handel und der Aufbau von Kolonien, der die Basis der kapitalistischen Entwicklung bildet. Aus dieser Phase stammt die Theorie von Adam Smith und seiner „unsichtbaren Hand", die den Markt am besten regelt. Hier stehen noch Handarbeit, landwirtschaftliche Produktion, Handel und Transport durch Schifffahrt im Zentrum. Schon in dieser Phase gab es übrigens einen Kollaps des Finanzsystems beim Zusammenbruch der großen holländischen Kompanie, die vor allem den Gewürzhandel betrieb.

Die nächste Phase des Kapitalismus kam, wie schon erwähnt, durch die Industrialisierung und die Entwicklung von Maschinen. Die menschliche Arbeitskraft wurde mehr und mehr durch den Einsatz von Kohle ergänzt. Die Eisenbahnen erleichterten den Transport und erlaubten eine neue Phase und ein neues Tempo der Entwicklung, die über die Köpfe der Menschen hinweg raste. Der hemmungslosen Ausbeutung der Arbeiter durch dieses System wurde durch Marx und durch das Entstehen von Gewerkschaften am Anfang des 20. Jahrhunderts etwas Einhalt geboten. Das Entstehen kommunistischer Staaten, insbesondere der Sowjetunion, war der politische Ausdruck dieser Gegenbewegung.

Heute erleben wir die dritte Phase des Kapitalismus, die nicht mehr auf der Kohle und der Schwerindustrie beruht, sondern auf dem Öl, der Autoindustrie, den modernen Technologien, wie dem Flugzeug oder dem Computer und in zunehmendem Maße der reinen Finanzwirtschaft. Einer der wesentlichen Theoretiker dieser Phase ist John Meynard Keynes, bei dem sich das Kapital schon fast völlig verflüchtigt hat und nur mehr gewissermaßen unfassbar als Kredit auftritt. Es gibt den Kapitalisten als Person fast nicht mehr. An seine Stelle treten anonyme Institutionen, die mit dem Gelde aller arbeiten. Jeder ist zum Kapitalisten geworden.
Der klassische Klassenkampf, der in der Philosophie Marx' die entscheidende Rolle spielt, ist so sinnlos geworden. Die Probleme liegen heute ganz woanders. Früher hatte man ein Haus gekauft oder gebaut, um darin zu wohnen. Heute „investiert" man in den Bau. Man baut eine Küche in eine Wohnung ein, nicht um Mahlzeiten darin zu bereiten, sondern weil man die Wohnung dann teurer weiterverkaufen kann, usw. Alle spielen jetzt mit.
Wir sind in einen Prozess geraten, den keiner mehr durchschauen kann und den auch keiner mehr steuern kann. Anonyme Kräfte dirigieren unser Leben und unser Denken, die sich wie Naturgesetze verhalten, obwohl sie ausschließlich von Menschen gemacht sind.

Schon Marx hat diese Phase des Kapitalismus vorhergesehen und vor ihr gewarnt. Das Kapital entwickelt eine Eigendynamik, es akkumuliert sich unaufhaltsam, eine Firma frisst die andere, und begräbt dabei alle menschlichen, ethischen oder moralischen Werte unter sich. Wenn genug Geld im Spiel ist, wird jede Moral gelöscht.

Falls es keinen Gott gibt, ist alles erlaubt.
Geld regiert die Welt.

B. Synergie

Seit 100 Jahren befindet sich die Welt in der Krise. Die alte Ordnung ist dabei, sich aufzulösen. Die neue Ordnung ist noch nicht entstanden. In dieser Zwischenzeit, in diesem Interregnum, entstehen die Symptome des Zerfalls und der Zerstörung, die uns so zu schaffen machen. Je länger dieser Zustand dauert, desto schlimmer werden die Zeichen werden.

Die alte Ordnung war die Ordnung der Neuzeit, die ihre höchste Blüte im 19. Jahrhundert und an manchen Orten im 20. Jahrhundert erlebte. Die geistigen Grundlagen für diesen Aufschwung wurden in der Reformation und durch den aufgeklärten Geist des 16. und 17. Jahrhunderts gelegt. Diese Prinzipien sind jetzt überholt und brauchen dringend eine Erneuerung.
Die Lebensbedingungen des Menschen haben sich grundsätzlich gewandelt. Wir pflügen unsere Felder nicht mehr mit Pferden oder Ochsen, wir reisen nicht mehr zu Fuß oder in Kutschen, und wir leben nicht mehr am Land oder in kleinen, beschaulichen Städten, sondern Wissenschaft, Industrie und Technik haben alles verändert.

Die Welt ist ein Ganzes geworden, die Menschheit ist überall vernetzt, verbunden und aufeinander angewiesen. Diese Situation erfordert ein neues Denken und neue Prinzipien des Zusammenlebens. Erst wenn diese Prinzipien gefunden sind und sich allgemein durchgesetzt haben, werden die Zeichen der Krise verschwinden. Alles andere ist im besten Fall Symptombekämpfung.

Was sind nun diese neuen Prinzipien? Es geht, wie schon am Anfang gesagt, um die Integration von Gegensätzen, um Synergie, die den Gegner leben lässt und schließlich zum Verbündeten macht. Liebe deine Feinde! Dieses Wort von Jesus ist kein unerfüllbarer Auftrag für hoffnungslose Gutmenschen und andere Spinner und Träumer, sondern die Haltung des Menschen der Zukunft. Die großen Lehrer der Menschheit haben diese einfachen Einsichten immer wiederholt und ihren Schülern in verschiedener Weise ans Herz gelegt. Vor der Pflege des Egoismus wurde immer gewarnt.

Die neue Ordnung

Eine neue Epoche wird nicht erfunden oder konstruiert, sie setzt sich vielmehr auf natürliche Weise durch, wie ein Naturereignis. Die Menschheit wächst, innerlich wie äußerlich, und dieses innere Wachstum ist sehr wohl fähig, sich an geänderte Rahmenbedingungen anzupassen - genauer gesagt hat sie ja diese Rahmenbedingungen erst selbst geschaffen.

Die neue Ordnung ist also im Inneren längst vorhanden. Sie ist es, die die Verhältnisse gestaltet und in die richtige Richtung lenkt, wenn man ihr Gelegenheit dazu gibt, das heißt, wenn man im eigenen Geist tief genug schürft um zu den schöpferischen Kräften vorzudringen.

Was die neue Ordnung verdeckt, oft verhindert und manchmal offen bekämpft, sind die alten Gewohnheiten, das festgefahrene System, das nicht abdanken will. Je stärker sich das alte System einkapselt, um seine Macht zu behaupten, desto heftiger wird der Kampf, desto unerfreulicher das Leben und desto deutlicher die Zeichen der Krise.

Welche Gestalt diese Neuordnung letztlich annehmen wird, ist heute schwer zu sagen. Sicher ist aber, dass sie die Menschheit zu einem großen Organismus vereinigen wird, zu einer Gemeinschaft, die durch geistige Werte zusammengehalten wird.

Der Sammlungspunkt wird dabei weder das nationale Interesse noch wirtschaftliche Notwendigkeit, noch das Geld, noch eine ökologische Diktatur sein.

Konkurrenz und Synergie

Die Geschichte des Lebendigen ist kein linearer Prozess, keine Steigerung einer Qualität weiter und weiter bis ins Unendliche, sondern sie verläuft in Wellen, in einem ständigen hin und her, in einem dialektischen Prozess von Gegensätzen und harmonischer Entwicklung. Erst entwickelt sich eine Qualität bis zu ihrem Höhepunkt, dann die andere, und in der Vereinigung der beiden schreitet die Entwicklung voran.

Was waren nun die besonderen Qualitäten der Neuzeit, und was wird die Qualität des kommenden Zeitalters sein?

Der Schwerpunkt der letzten Jahrhunderte war eindeutig die Ich-Entwicklung und die Entfaltung der Vernunft, genauer gesagt der niedrigen Ebene der Vernunft. Die Menschen unserer Zeit haben sich in hohem Maße aus den Bindungen und Begrenzungen der Vergangenheit befreit. Wir haben uns befreit von schwerer Handarbeit, die uns an den Boden kettet, dem wir unser tägliches Brot kärglich abringen. Wir haben uns aus den Banden der Unwissenheit befreit, durch Schulen und Universitäten, durch Wissenschaft und Forschung, durch Fernsehen, Internet und Telefon. Wir haben uns von den Bindungen der Kirche befreit und der Bevormundung im Glauben, und wir haben uns von unserer Herkunft befreit, von den Gewohnheiten unserer Eltern, unserer Familien und von den alten Autoritäten. Wir sind nicht mehr wie früher eingebunden in die Gemeinschaft der Großfamilie, des Dorfes oder des Stammes, ja nicht einmal der Nation.

All dies ist geschehen, um unsere individuelle Ich-Entwicklung zu fördern und zu unterstützen.

Statt der alten Formen der Gemeinschaft haben wir neue Wege des Zusammenlebens entwickelt. Insbesondere die Organisationen, Firmen, Institutionen, Staaten usw., erfüllen jetzt die Rolle früherer, natürlicher Gemeinschaften. Diese Loslösung bedeutet gleichzeitig eine tiefgreifende Entwurzelung und Verarmung unseres Seelenlebens - eine der weiteren Ursachen für unsere Krise.

In dieser Vereinsamung und Öffnung liegt aber auch ein wertvolles Potenzial für eine neue Ordnung, für die Schaffung neuer Formen der Gemeinschaften, die dem Menschen vielleicht besser anstehen als die Bande biologischer Abhängigkeit.

Ich-Entwicklung und niedere Vernunft sind also die wesentlichen Errungenschaften unserer Zeit, verbunden mit einer allgemeinen Freiheit und einem Überfluss an Ressourcen und Möglichkeiten. Eine weitere Anhäufung dieser Qualitäten, ein weiterer linearer Fortschritt auf dieser Schiene, scheint aber nicht mehr Ziel führend zu sein. Was also ist der logische nächste Schritt?

Aus dem Gesagten ergibt sich schon die Richtung der weiteren Entwicklung: Der Ich-Entwicklung und Vereinzelung müssen eine neue Einbindung in die Gemeinschaft folgen, innerlich wie äußerlich.

Innerlich bedeutet, dass dem Denken und Fühlen des Ich-Zentrums, dem Ego, eine größere Entfaltung seelischer Qualitäten zur Seite gestellt wird. Äußerlich bedeutet, dass der unausgesetzte Konkurrenzkampf, jeder gegen jeden, durch eine verstärkte und selbstverständliche Zusammenarbeit, durch Synergie abgelöst und ergänzt wird.

Konkurrenz, Competition, das Schlagwort der neueren Zeit, ist wie eine giftige Medizin, die nur in kleinen Dosen heilsam wirkt. Natürlich ist sie ein gutes Mittel, um Trägheit und Inkompetenz zu bekämpfen, wird sie aber übertrieben, dann kann sie jede fruchtbare Entwicklung verhindern und zerstören, wie wir das heute oft erleben. Synergie, Zusammenarbeit, das Entwickeln neuer Gemeinschaftsstrukturen ist also das Gebot der Stunde. Hier sind die großen Entwicklungen zu erwarten.
Natürlich genügen das Wort, die Absicht und der fromme Wunsch nicht, um diese Verwandlung zu vollziehen. Es braucht dazu auch große Kompetenz und tiefe Einsicht in die Zusammenhänge, sonst wird aus der neuen Gemeinschaft nur eine Wiederauflage der alten Zwangsmuster. Diese Einsicht entsteht aus der Entwicklung der höheren Vernunft, also des zweiten Schwerpunkts unseres dialektischen Schrittes. Die niedere Vernunft war beschäftigt mit Messen und Rechnen, mit Subjekt und Objekt, mit Intelligenz, Hochenergiephysik und Hirnforschung. Die höhere Vernunft ist ein anderer Name für Weisheit, für die Einsicht in das Ganze oder in die größeren Zusammenhänge. Diese Einsicht erfordert einen Qualitätssprung in der Haltung des Menschen und bildet den diametralen Gegensatz zur Ich-Entwicklung!
Die Qualitäten dieser Weisheit lassen sich ebenso fördern und entwickeln wie der rationale Intellekt und die Bereitschaft zum Konkurrenzkampf.

Was bedeutet Synergie?

Stellen Sie sich vor, da ist jemand in der Scientific Community, der hat eine gute Idee. Er spricht mit einem Kollegen darüber, dann teilt er sie mit einigen anderen und kommuniziert sie dann im Internet ohne sich Sorgen machen zu müssen, dass ihm jemand seine Ideen stiehlt.
Andere nehmen die Botschaft auf, antworten begeistert und

überlegen sich, was sie tun könnten oder welche Kontakte sie vermitteln könnten, um den Strom zu unterstützen. Einer stellt den Raum zur Verfügung, andere die Forschungsmittel, und es ist nur die Qualität der Idee, ihr innerer Wert, der entscheidet, welche Förderung sie erhält. Statt des Hahnenkampfes der Egoismen in einer dauernden Konkurrenz und einem Gerangel um Prestige und Vorteile, dient die Gemeinschaft einer höheren Idee, also der Weisheit. Die Idee wird nicht gefördert, weil das irgendeiner Firma so passt, weil es irgendeinem Forschungsinstitut gerade so passt oder weil es zufällig gerade Gelder der EU dafür gibt, sondern weil die Gemeinschaft intuitiv spürt, dass die Entwicklung dieser Idee ihre Qualität verbessert und der Menschheit dient.

Stellen Sie sich außerdem vor, da ist ein Banker, der bemerkt, dass eines seiner Finanzprodukte sehr gefährliche Konsequenzen haben kann, besonders wenn man es an ahnungslose Kunden, wie zum Beispiel einer Stadtgemeinde, verkauft. Er überlegt sich die Sache, dann spricht er mit ein paar Kollegen darüber, und wenn er seiner Sache sicher ist, dann informiert er die Geschäftsleitung. Hier nimmt man seine Anregung auf und kontaktiert die anderen Geldinstitute, um dieses gefährliche Produkt wieder vom Markt zu nehmen. Der Bankmann, der die Sache ursprünglich entdeckt hat, bekommt eine Prämie und wird befördert.

Reine Träumerei, werden Sie jetzt sagen, denn so läuft es bei uns nicht, ganz im Gegenteil. Der Trend geht in entgegen gesetzter Richtung.

Aber kehren wir zu unserer Fantasie zurück. Nehmen wir an, dass dieses Verhalten eine allgemeine Achtung und Unterstützung durch die Umgebung findet, dass dieser Mann von seinen Kollegen und vom Bürgermeister seines Wohnortes geehrt wird, und dass man im Supermarkt den Hut vor ihm zieht. Nehmen wir außerdem an, dass er nicht der einzige ist, sondern dass dieses Verhalten zur allgemeinen Norm geworden ist und dass jeder, der sich nicht so verhält, von nun an ein wenig schief angesehen wird.

Heute erfordert dieses Verhalten eine ungewöhnliche Zivilcourage, sie kommt meistens einem wirtschaftlichen Selbstmord gleich, denn man riskiert seinen Posten, seine Karriere und kann manchmal sogar mit juristischen Klagen rechnen - Verrat von Geschäftsgeheimnissen und dergleichen.

Trotzdem ist diese Art des Verhaltens das einzige, das unsere Krise nachhaltig lösen kann. Es braucht Tausende und Abertausende solcher Menschen und solcher Ereignisse, um das System zu verwandeln und in die richtige Richtung zu lenken.

Zivilcourage und eigene Einsicht in die größeren Zusammenhänge sind hier der entscheidende Faktor, der eine Sicherheit gibt, die sich nicht durch kurzfristige Vorteile oder Stimmungen beeindrucken lässt.

Wenn der Bankmann, der den Bankrott einer Anstalt durch sein Verhalten mitverschuldet hat, der aber jetzt, da der Staat und die Steuerzahler das Unternehmen gerettet haben, im selben Jahr eine fette Prämie kassiert, wenn so ein Mann damit rechnen muss, dass man ihm offen seine Verachtung zeigt, dass er aus dem Golfclub fliegt, oder dass sich seine Frau nirgends mehr sehen lassen kann, dann können sich die Verhältnisse nachhaltig verändern. Solange so ein Verhalten ungestraft durchgehen kann, ja geradezu die Norm ist, darf man sich über nichts wundern.

Das sind die Orte, an denen der allgemeine Werteverlust sichtbare und spürbare Folgen hat.

Das ist nun einmal so, werden Sie jetzt vielleicht sagen, das war immer so und damit müssen wir rechnen. Wir müssen uns eben anpassen und es uns einfach irgendwie einrichten.

Aber es gibt auch eine andere Möglichkeit.

Der Schmetterlings-Effekt

Wenn ein Schmetterling, ein wunderschönes Lebewesen, entsteht, dann geschieht etwa folgendes: Zunächst gibt es eine Raupe, die sich satt frisst und immer dicker wird, und der man ihr Ziel in keiner Weise ansieht. Sie verhält sich wie eine gewöhnliche Raupe und passt sich an ihre Umgebung optimal an. Aber dann geschieht etwas Merkwürdiges. Wenn sich die Raupe weit genug entwickelt hat, wenn sie genug Volumen gewonnen hat, wenn sie sich in ihrem Umfeld vollkommen etabliert hat, dann treten auf einmal einzelne Zellen auf, die ein ganz anderes Programm verfolgen.

Es sind die ersten Schmetterlingszellen, die hier in diesem fruchtbaren Boden versuchen, ihre Gestalt durchzusetzen. Zunächst werden diese Zellen vom Immunsystem der Raupe als Störenfriede erkannt und ausgemerzt. Das geht eine lange Zeit so, immer wieder werden neue Zellen zerstört, aber dann werden sie immer zahlreicher und beginnen sich miteinander zu vernetzen und zu verbinden, bis ihre Verbindung beginnt, für das ganze Lebewesen den Ton anzugeben. Aus dieser Verbindung entfaltet sich nach gegebener Zeit die Gestalt eines flugfähigen Wunderwerks der Natur, das nach erstaunlich kurzer Zeit wie eine losgelöste Blüte dem Sonnenlicht entgegenflattert.

Das ist Biologie, aber dieses Bild und Gleichnis lässt sich durchaus auf die menschliche Politik übertragen, was zum Beispiel auf den Philippinen schon geschehen ist. Eine Revolution, die Überwindung eines rückständigen Diktators, hat sich auf dieses Bild gestützt und seine Sinnhaftigkeit für die menschliche Gemeinschaft und ihren Wandel erkannt.

In ähnlicher Weise könnten sich auch die Werte der Synergie gegen die Werte von Konkurrenz und Egoismus durchsetzen, vielleicht sogar in erstaunlich kurzer Zeit. Es gibt heute schon viele Menschen, die bereit wären, nach anderen Prinzipien zu leben, denen aber der Mut und die Überzeugung fehlt. Diese Menschen sind wie einzelne Bäume, die glauben, dass sie ganz allein dastehen, wenn sie sich aufrichten.

Es könnte aber sein, dass es in Wirklichkeit schon einen ganzen Wald solcher Menschen gibt, die nur noch nichts voneinander wissen. Wenn die Vernetzung der Schmetterlingszellen einsetzt, wenn die neue Gestalt erahnt und aufgebaut wird, dann können sich diese Bäume sehr rasch erheben und zu einem Wald werden, der sich nicht mehr so leicht durch die Manipulationen der Raupe erschüttern lässt.

Die Entwicklung verläuft in dialektischen Schritten, in einem Hin und Her von Gegensätzen. Das gilt in vielen Bereichen, zum Beispiel auch in der Wissenschaft. Thomas Kuhn hat hier die

Struktur wissenschaftlicher Revolutionen beschrieben, die in ähnlicher Weise abläuft, wie die Verwandlung der Raupe in den Schmetterling. Es ist nicht so, dass sich eine alte Überzeugung durch Argumente allmählich verwandeln lässt, vielmehr sind es junge Wissenschaftler mit einer völlig neuen Sicht, die sich gegen das alte Denken durchsetzen, das gewöhnlich nicht korrigiert wird, sondern allmählich „ausstirbt", indem jene Professoren, die sie vertreten, emeritieren oder in Pension geschickt werden.

Prozesse dieser Art werden wahrscheinlich auch in der Verwandlung unserer Gesellschaft auftreten, um die Krise zu beenden und ein neues Wertesystem zu erschaffen.

Der Ausgang der Entwicklung steht fest. Früher oder später wird sich die Menschheit harmonisch vereinigen, wenn sie weiterleben will. Bevor das geschieht, könnten aber die alten Kräfte der Raupe noch einmal versuchen, große Zerstörungen und Verheerungen anzurichten, wie der scheidende König Philipp im Stück *Don Carlos* von Schiller sagt:

> *Die Welt ist noch auf einen Abend mein.*
> *Ich will ihn nützen, diesen Abend,*
> *daß nach mir kein Pflanzer mehr*
> *in zehen Menschenaltern*
> *auf dieser Brandstatt ernten soll.*

Diese Zerstörungen zu verhindern und den Übergang rasch und harmonisch zu vollziehen, das wird unsere wesentliche Aufgabe in der nächsten Zukunft sein.

Organisation

Welche sichtbare Gestalt, welche Formen der Organisation das neue Leitbild annehmen wird, lässt sich heute noch nicht sagen. Manche Dinge scheinen aber auf der Hand zu liegen:

Die Universität, die Stätte der Forschung und Lehre, ist in gewissem Sinn das Hirn und das Nervenzentrum der Gesellschaft. Hier werden die großen Weichen der kulturellen Entwicklung gestellt und hier sollte der Ort der Kreativität und Weisheit sein.

Ursprünglich waren die Universitäten auch genau so angelegt. Die verschiedenen Wissenszweige, die verschiedenen Disziplinen, sollten sich alle unter einem Dach vereinen, um einen regen Austausch miteinander zu pflegen. Das war der Grundgedanke und dieser Grundgedanke hat den Universitäten ihren Namen und ihre Bedeutung gegeben. Die erste Disziplin war dabei die Weisheit und die Gotteserkenntnis, also die Theologie.

Noch zum Beginn meines eigenen Studiums, was schon eine Weile zurückliegt, führte die Haupttreppe der Universität direkt zu dieser Königin der Wissenschaften, und der Hörsaal Nummer eins war selbstverständlich für die Vorlesungen der Theologie vorgesehen.

Diese Zeiten sind längst vorbei, und das ist wahrscheinlich gut so. Aber es ist nicht gut, dass die Wissenschaft heute hauptsächlich Zubringerdienste für die Wirtschaft leistet. Die Dinge stehen hier am Kopf, denn unser Nervensystem wird ja auch nicht von der Bauchspeicheldrüse aus gesteuert. Wie gesagt, die Dinge stehen am Kopf, und wenn in Österreich das Wissenschaftsministerium dem Wirtschaftsministerium eingeordnet wird, dann ist das ein klares Zeichen einer falschen Haltung. Die Wissenschaft kann ihre heilsame Rolle für die Gesellschaft nur leisten, wenn sie frei ist, das heißt, wenn sie den Gesetzen folgen kann, die aus ihr selbst kommen. Das war früher ein selbstverständliches Wissen, das aber zunehmend überschattet wird.

Es ist wahrscheinlich, dass das neue Denken als erstes in der Scientific Community aufblühen wird, denn hier findet es die besten Rahmenbedingungen vor. In der Verbindung mit der Kunst und den schöpferischen Menschen der Gemeinschaft können sich kleine Kreise bilden, in denen die höheren Ebenen der Vernunft gezielt entwickelt werden.

Natürlich werden diese Kreise anderen Gesetzen folgen als die klassischen Karrieremuster in Wissenschaft und Wirtschaft. Nicht der akademische Grad, die Position oder der öffentliche Erfolg werden hier bestimmend sein, sondern die Nähe und Verbindung zu den gestaltenden Kräften unserer Zeit. Menschen aus allen Gesellschaftsklassen und Lebensbereichen sollen hier eine Rolle spielen und sich mit der organisierten Intelligenz innerlich und äußerlich verbinden. Keimzellen eines neuen

Denkens und Fühlens können sich auf diese Weise entwickeln und ihre Früchte hervorbringen.

Eine neue Art der Wissenschaft kann hieraus geboren werden. Das neue Paradigma, nach dem im 20. Jahrhundert so intensiv geforscht wurde, das man aber nicht gefunden hat, könnte diese Rolle übernehmen. Ebenso, wie man auf der Metaphysik Descartes eine Weltsicht und Wissenschaft aufbauen kann, ebenso kann man das auf der Basis der Philosophie der Leerheit. Es entsteht daraus aber ein völlig anderes Weltbild, ein anderes Menschenbild und eine andere Methode. Trotzdem gibt es sehr viele Parallelen zur klassischen Wissenschaft, sodass eine enge Zusammenarbeit selbstverständlich ist.

Die wesentliche Grundlage dieser Weisheitswissenschaft ist der Blick aufs Ganze und die Einsicht in die Vorgänge der schöpferischen Vereinigung, der dialektischen Prozesse der Gegensatzvereinigung. Diesem Feld nähert sich heute schon die Systemtheorie an, mit deren Hilfe wichtige politische Entscheidungen getroffen werden. In dieser Disziplin steht ein Qualitätssprung an, der die neue Form des Denkens schon in relativ kurzer Zeit zur Verwandlung der Gesellschaft zugänglich machen kann.

Neben dem Wiederaufleben des Gedankens der Universität, also der Vereinigung aller Wissenszweige zu einer Gesamtschau, scheint es auch klar zu sein, dass die Menschheit ein gemeinsames Gewissen entwickeln wird, um globale Probleme, wie zum Beispiel das unkontrollierte Wuchern der Finanzwirtschaft, einzudämmen. So, wie die Gewerkschaften die hemmungslose Ausbeutung der Arbeiter durch die Kapitalisten aufhalten konnten, wird es in Zukunft eine „Weltkonferenz" geben, die die Interessen der kleinen Menschen gegen die Machenschaften anonymer und gestaltloser Machtstrukturen durchsetzt. Diese Weltkonferenz wird sich nicht aus den klassischen Organisationen wie der UNO, den Vereinten Nationen oder einzelnen Nationalstaaten entwickeln. Ihre Teilnehmer werden keine Politiker oder professionellen Diplomaten sein, wie sie heute die Gänge und Chefetagen der globalen Organisationen füllen, sondern es werden Menschen sein, die durch ihr Leben und ihre Haltung bewiesen haben, dass sie der Menschheit und höheren Zielen dienen. Es werden Menschen sein wie Mahatma Gandhi, Martin Luther King oder Vaclav Havel, Personen, denen die einfachen

Leute vertrauen und die eine moralische Autorität verkörpern. Diese Konferenz wird selbst keine Macht haben, keine Truppen befehligen und kein Budget verwalten. Sie wird Ratschläge geben und Situationen beurteilen.

Aber diese Ratschläge werden nicht ungehört sein und diese Urteile werden nicht wirkungslos bleiben, denn bei den heutigen Mitteln der Massenkommunikation können die Botschaften dieser Weltkonferenz Milliarden von Menschen erreichen, so wie das Neujahrskonzert oder die Übertragung einer Olympiade. Die moralische Wirkung dieser Einrichtung kann bedeutend sein.

Man könnte auch davon träumen, welche Unterstützung diese Weltkonferenz von den einzelnen Nationalstaaten bekommen könnte. Zum Beispiel den persönlichen Schutz, die Reisefreiheit und die Immunität für die Teilnehmer an dieser Konferenz, dazu ein gesetzlich festgelegtes Recht auf Information über alle Vorgänge des politischen, wirtschaftlichen, militärischen Bereichs, usw.

IV.

DIE WELTKONFERENZ

DIE WELTKONFERENZ

*Wie würde sich die neue Haltung wohl auswirken,
wenn man sie im täglichen Leben
anwendet?*

Die Weltkonferenz

Utopia,
Anfang des dritten Jahrtausends

Endlich ist es soweit. Lange, lange haben die Vorbereitungen gedauert, aber jetzt beginnt es.
Der erste Redner betritt das Podium und verneigt sich. Jubel und Applaus begleiten seinen Auftritt und dann, als er seine Stimme erhebt, wird es still im Saal. Es ist ein kleiner, unauffälliger Mann, der hier spricht; nur wenn man in seine Nähe kommt und seine leuchtenden Augen sieht, kann man ahnen, welche Kraft in ihm steckt.

„Meine sehr verehrten Damen und Herren, liebe Freundinnen und Freunde!

Ich weiß nicht, warum man gerade mich ausgewählt hat, die einführenden Worte für dieses große Ereignis zu sprechen. Ich komme aus Belgien, vertrete also nur ein winziges und unbedeutendes Land, aber vielleicht ist gerade das der Grund. In meinem Land leben zwei Völker friedlich miteinander, immer schon, und seit langem gibt es einen kleinen Staatenbund mit den Nachbarländern, und dann liegt hier die Zentrale eines großen Experimentes: des Staatenbundes der Europäischen Union, nicht ganz gelungen, aber immerhin ein mutiger Versuch. Außerdem gibt es bei uns ein recht annehmbares Bier.

Aber ich will nicht abschweifen, sondern ich begrüße noch einmal alle Anwesenden und auch die unzähligen Menschen dieser Erde, die nun über die Medien, über Fernsehen, Radio und Internet mit uns verbunden sind. Fast die Hälfte der Menschheit kann so an diesem Ereignis teilnehmen.
Hier, in diesem Raum, sitzen die Vertreter aller Völker und Nationen dieses Planeten, von jedem Land mindestens eine oder einer, ausgewählt nicht von den politischen Parteien, von der Wirtschaft oder von der Diplomatie, sondern ausnahmslos Menschen, die bewiesen haben, dass ihnen ihr Land, seine Menschen, seine Kultur und auch seine freie Natur wirklich am Herzen liegen, ausgewählt durch die Stimmen der Menschen ihrer

Umgebung, durch ihre eigenen Leistungen und durch die Gemeinschaft, die sich hier zusammengefunden hat.

Was ist unsere Aufgabe heute?

Dreimal sind wir in letzter Zeit mit knapper Not einem verheerenden Krieg entgangen, der alles, was uns lieb und wert ist, zerstört oder zumindest schwer beschädigt hätte. Einmal wäre der Konflikt in der Ukraine fast außer Kontrolle geraten, und der Kreml hatte schon offen mit einem Atomschlag gedroht.
Kurz danach hatte sich dann der Nahe Osten beinahe in einen Hexenkessel verwandelt. Israel war in seiner Verzweiflung bereit, seine Atomwaffen einzusetzen, und hätte damit die ganze Welt in einen Strudel der Vernichtung hineingerissen.
Und zuletzt hatte sich, wie leider zu erwarten war, die Rivalität zwischen den USA und China zum Zerreißen gespannt. Als dann im Ringen um Taiwan eine chinesische Mittelstreckenrakete einen amerikanischen Flugzeugträger versenkte, war der totale Krieg fast nicht mehr aufzuhalten.
Jedes Mal konnte das Unheil im letzten Moment noch abgewendet werden, aber die Situation hat sich inzwischen keineswegs entspannt, und ob wir beim nächsten Mal wieder so glimpflich davonkommen werden, ist mehr als fraglich.
Und außerdem, im Umgang mit der Erderwärmung, bei der Bekämpfung globaler Krankheiten oder bei der Stabilisierung des Finanzmarkts: Überall hat sich gezeigt, dass eine führerlose Menschheit den Problemen nicht gewachsen ist. Einzelne Staaten oder Organisationen können diese Aufgaben nicht meistern, und ob wir das wollen oder nicht, wir müssen uns einigen.

Es ist höchste Zeit, dass die Menschheit etwas unternimmt, dass wir tätig werden, dass wir gemeinsame Beschlüsse fassen und umsetzen, etwas, das die heutigen Organisationen und Strukturen offenbar nicht zu Stande bringen.

Dazu gibt es eigentlich nur eine einzige Möglichkeit, wir brauchen eine neue, menschliche Form der „Weltregierung", die aber kein erdrückender Machtkoloss sein darf, der alles beherrscht, sondern ein Rat und eine Versammlung freier Völker und Nationen.

Was wir also suchen und wozu wir hier sind, ist eine Weltkonferenz, eine Versammlung der inneren aufbauenden Kräfte aller Länder, um die großen Fragen der Menschheit gemeinsam und fair zu lösen.

Diese Weltkonferenz wird ein Staatenbund im Geiste sein, aber kein Superstaat. Sie ist keine Weltregierung im klassischen Sinn, keine Machtkonzentration, sondern sie lässt allen menschlichen Gemeinschaften und Nationen ihre Freiheit und Selbstbestimmung. Sie lässt uns frei, aber nicht zügellos, denn was sie sehr wohl tut ist dies: Sie regelt den Umgang der Länder und Staaten miteinander und gegeneinander. Sie legt die Spielregeln fest, wie wir global miteinander umgehen, und sie setzt die Einhaltung dieser Regeln auch durch.

Diese Weltkonferenz spielt also vor allem die Rolle eines Weltgewissens, eines seelischen und geistigen Immunsystems der Menschheit, das dafür sorgt, dass Fairness und Gerechtigkeit im internationalen Verkehr und in der Gesellschaft selbstverständlich werden und einen sichtbaren und spürbaren Ausdruck bekommen.

Wir haben uns jetzt zusammengefunden, und es wird die Aufgabe dieser Konferenz und der nächsten Tage und Wochen sein, dass wir uns auf die Leitprinzipien einigen, auf die Spielregeln, die die Zukunft der Menschheit moralisch leiten sollen. Ähnlich wie in der französischen Revolution die Menschenrechte vereinbart und allgemein bekannt gemacht wurden, ebenso wollen wir jetzt die Regeln der Fairness für die Zukunft der Menschheit im dritten Jahrtausend festlegen.

Natürlich hat es lange gedauert, bis die Menschenrechte auch nur annähernd umgesetzt wurden, und ebenso wird es eine Weile dauern, bis sich diese neuen Regeln allgemein durchsetzen; aber hier sind wir jetzt, und irgendwo muss man ja beginnen.

Die erste Regel ist schon angeklungen:
Dort, wo die Interessen der ganzen Menschheit auf dem Spiel stehen, endet die Souveränität einzelner Staaten! Um dieses Prinzip einzufordern, braucht es, wie schon gesagt, eine höhere Instanz, eine „Weltregierung im Geist", und diese Instanz nimmt nun mit uns sichtbare Formen an.

Leider haben sich die klassischen Institutionen als unfähig erwiesen, diese Aufgabe zu erfüllen: Denn was wir brauchen, sind reife und verantwortliche Persönlichkeiten mit einem eigenen Urteil, nicht gesichtslose Organisationen oder egoistische Staaten mit ihren Vertretern. Wie genau das verwirklicht werden kann, darüber wollen wir diskutieren, aber das heutige Ereignis und diese Konferenz ist ja schon ein Vorbild für die zukünftige Gestalt.

Und nun zur zweiten Regel:

Der Krieg ist kein Mittel, um politische Konflikte zu lösen! Er wird in jeder Form geächtet und verboten. Er ist ein Relikt aus der Vergangenheit, aus den finsteren Tagen der Menschheit, in der man sich noch gegen Barbareneinfälle oder Räuberbanden wehren musste. In der heutigen Zeit, mit den technischen Mitteln und Möglichkeiten, mit Atomwaffen und Kampfflugzeugen, ist er zum völligen Irrsinn geworden.

Die dritte Regel:

Die Wahrheit!

Kriege und grobe Verletzungen der Gerechtigkeit sind nur möglich durch systematische Lügen und Propaganda. Das Verbreiten von Lügen und Halbwahrheiten und auch das Verschweigen von wichtigen Tatsachen, sowohl den anderen Völkern, als auch den Menschen des eigenen Landes gegenüber, ist ein schweres Verbrechen und wird von der Weltkonferenz aufgedeckt und gebrandmarkt. Dabei wird den Massenmedien und dem Internet eine wichtige Rolle zufallen, denn die notwendige Information darf nicht durch den Strom von Unterhaltung oder kommerzieller Werbung zerstört werden.

Der nächste Punkt:

Wirtschaft und Geld. Ein unbegrenztes, exponentielles Wachstum ist auf diesem Planeten nicht durchführbar! Das gilt sowohl für die Wirtschaft als auch für die Geldmenge.

Für kurze Phasen der Industrialisierung mag das Modell des Wachstums-Kapitalismus ja sinnvoll gewesen sein, heute ist es mit Sicherheit überholt und wird mit jedem Tag gefährlicher.

Die Wirtschaft darf nur das produzieren, was die Menschen wirklich brauchen. Dass man mit moderner Technologie und billiger Arbeitskraft einiges zu Stande bringen kann, das haben wir schon oft gesehen.

Aber das genügt nicht, denn dieser Reichtum muss auch richtig eingesetzt und gesteuert werden, und weder Kapitalismus noch Kommunismus noch irgend eine Mischform können das von sich aus tun. Eine seelisch kranke und verwirrte Gesellschaft bringt immer ein ungerechtes oder repressives System hervor, egal wie man es nennt. Hier, bei der moralischen Reife der Menschen müssen wir ansetzen, sonst wird uns keine Reform etwas nützen. Dasselbe gilt für das Geld, die andere Seite derselben Münze. Geld ist ein Tauschmittel. Es muss durch echte Werte gedeckt sein und darf sich nicht willkürlich vermehren lassen. Alle Formen der reinen Finanzwirtschaft, die, so wie heute üblich, den Geldfluss unaufhörlich vermehren und ständig in die Taschen der Reichen und der Konzerne lenken, müssen aufgedeckt, geächtet und verboten werden.

Und noch ein wichtiger Punkt:
Die Auswahl der Führungskräfte in der Gesellschaft und in der Welt!
Wie soll jemand über andere herrschen, der nicht einmal den eigenen Geist gezähmt hat? Von jedem Flugkapitän verlangt man eine solide Ausbildung und einen stabilen Charakter. Warum genügt es für eine politische Führungsposition, dass man weiß, wie man an die Macht kommt und wie man sie behält? Das ist die schlimmste Form der Korruption.
Mörder und Psychopathen darf man nicht erlauben, in einer Welt voller Atomwaffen einen Staat zu lenken. Das hat mit „Souveränität" nichts zu tun, sondern das ist ganz einfach die Notwehr von 99% der Menschheit gegen ein krankes System der Machtverteilung.
Nur Menschen, die fähig sind, von einer höheren Warte aus zu denken und zu fühlen, sind geeignet, andere zu führen oder Verantwortung zu übernehmen. Wird dieses einfache Prinzip missachtet, zerstört man die natürlichen Beziehungsmuster, die die menschliche Gemeinschaft ordnen sollen.

Eine allgemeine Gleichheit ist unmöglich durchzuführen, aber wenn es Unterschiede gibt, dann müssen diese Unterschiede einer inneren Berechtigung entsprechen, und dürfen nicht willkürlich sein, da sonst Klassenkampf und Unzufriedenheit die natürliche Folge sind. Die sachliche, die moralische und die menschliche Qualifikation muss allein ausschlaggebend sein, um eine Führungsposition zu rechtfertigen.

Diese Führungsposition darf auch nicht mit mehr Privilegien ausgestattet werden, als die Erfüllung der Aufgabe erfordert. Die Weltkonferenz muss hier ein achtsames Auge darauf haben, dass Korruption und Vetternwirtschaft, politischer Postenschacher oder Schurkenstaaten und Oligarchien nicht die Beziehungsmuster der ganzen Menschheit vergiften können.

Fürs erste, meine sehr geehrten Damen und Herren, liebe Freundinnen und Freunde, bin ich nun am Ende meiner Ausführungen angekommen. Natürlich werden weitere Punkte hinzukommen, natürlich wird sich noch vieles verändern, aber dazu sind wir ja da.

Machen wir uns also an die Arbeit!"

„Bevor wir weiterschreiten", es ist der Gastgeber der Veranstaltung, der das Mikrofon ergriffen hat, „bevor wir weiterschreiten, wollen wir uns kurz daran erinnern, was bisher schon geschehen ist, und was uns hier zusammengeführt hat.

So wie in den letzten Jahrhunderten die Wissenschaft herangewachsen ist und eine Scientific Community gebildet hat, einen internationalen Kreis von Menschen, die sich in ihrer Suche nach der Wahrheit gegenseitig unterstützen und bereichern, und die von ihrer Umgebung, von der Gesellschaft geachtet und getragen werden, ebenso hat diese Weltkonferenz in ihrer Vorbereitung ein Netzwerk und eine Gemeinschaft von starken und unbeugsamen Charakteren aufgebaut, die bereit waren diesem hohen Ziel zu dienen.

Auch die klassische Wissenschaft hatte am Anfang große Hindernisse zu überwinden. Galilei musste seine Erkenntnisse widerrufen und auch Darwin hat sich damals mit seinen Ideen wenig Freunde gemacht. Ebenso war es für unsere Mitarbeiter in aller Welt anfangs sehr schwer, sich gegen den Mainstream zu behaupten und allmählich diese Bewegung aufzubauen. Statt die Methoden der Wissenschaft anzuwenden, haben diese Menschen nämlich ihren Geist entwickelt und sind zum Grund ihres Wesens vorgedrungen, um von dort her ihre Welt neu und liebevoller zu gestalten.

Diese Arbeit war nicht vergeblich, und in den letzten 10 Jahren ist auch die öffentliche Achtung und Anerkennung so stark gewachsen, dass ihr moralisches Vorbild und Urteil nun ebenso anerkannt wird wie die Forschungsergebnisse der modernen Physik. Nicht einmal die verbohrtesten Diktatoren wagen es mehr, ihren Einsichten über das seelische Klima in ihrem Lande öffentlich zu widersprechen oder ihre Arbeit zu behindern, auch wenn es anfangs natürlich erbitterte Kämpfe, Widerstände und sogar Morde gab. Trotzdem, das Ärgste scheint heute überwunden, es haben sich genügend ernsthafte Mitarbeiter gefunden, und sie werden allgemein geachtet, anerkannt und gefördert.

Wir haben unsere Arbeit zunächst an den Hochschulen und Universitäten aller Länder begonnen und hier unauffällig mit dem kreativen Dialog und den Thesen von Wisdom Science experimentiert. Der erste große Durchbruch und die internationale Anerkennung kam dann in einem Symposion, das eine schlüssige Erklärung für das Entstehen und die Folgen des Ersten Weltkriegs präsentieren konnte. Hier wurde erstmals einer breiteren Öffentlichkeit die Fruchtbarkeit der Theorien der neuen Beziehungswissenschaft zur Erklärung welthistorischer Phänomene zugänglich gemacht. Viele schwelende und alte Konflikte, die bis heute die Beziehungen vieler Nationen zueinander vergiften, konnten im Prinzip aufgelöst werden. Von diesem Symposium ausgehend begann eine globale Friedensbewegung den direkten Dialog verschiedener Völker und Nationen miteinander in Gang zu setzen; sozusagen hinter dem Rücken der offiziellen Regierungen. Diese Strömungen kann heute niemand mehr ignorieren und beiseiteschieben, oder behaupten, dass es nur militärische Lösungen für die Konflikte gäbe.

Es hat lange gedauert, und es hat auch viele Rückschläge gegeben, aber wir sind jetzt so weit, beruhigt an die große Öffentlichkeit zu gehen!"

Ein weiterer Redner betritt nun, begleitet von erwartungsvoller Spannung, das Podium. Man sieht ihm den schöpferischen Menschen an - jeden Augenblick, so meint man, könnte er eine Geige zur Hand nehmen und ein paar Töne spielen - und seine ganze Gestalt verrät gleichzeitig den „Vollblutwissenschaftler", der sich mit ganzer Konzentration einer bestimmten Sache zuwenden kann. Er ist eine Berühmtheit, und alle Anwesenden kennen ihn: Träger des Nobelpreises und zahlreicher anderer Auszeichnungen für seine bahnbrechenden Forschungen, für seinen persönlichen Mut und auch für sein Geschick in politischen Verhandlungen.

Er hat seinen Weg nicht nur intellektuell betrieben, sondern ihn offensichtlich auch in seinem eigenen Wesen und in seinem Wirken zur Vollendung gebracht. Er ist unbestritten der führende Vertreter der neuen Geisteswissenschaft, des Paradigmas, das den Kern der Bewegung bildet. Er hat gezeigt und bewiesen, dass Wissenschaft nicht materialistisch sein muss, sondern dass diese Kunst auch auf einer anderen Metaphysik aufbauen kann, durch die sich völlig neue und faszinierende Möglichkeiten eröffnen.

Was wird er uns heute sagen?

Der neue Redner ergreift das Mikrofon, sammelt sich kurz und verneigt sich dann vor allen Anwesenden.

„Meine sehr geehrten Damen und Herren, liebe Freundinnen und Freunde!

Es geht ein Gespenst um in Europa!

Mit diesen Worten begann am Anfang des 20. Jahrhunderts ein berühmtes Manifest.

Wie kam es dazu?

100 Jahre nach der französischen Revolution war von Freiheit, Gleichheit und Brüderlichkeit noch keine Rede. Ganz im Gegenteil, der Rückzug von Kirche und Adel hatte der industriellen Revolution und dem Kapitalismus völlig freie Bahn gelassen, und die Ausbeutung und die Verelendung der Menschen war an vielen Stellen fast größer geworden als vorher im Feudalismus. Das Manifest wurde also geschrieben zur Korrektur der Auswüchse der ersten Phase des Kapitalismus und hat damals ein gewaltiges Echo gefunden: Gewerkschaften, Altersversorgung, bezahlte Krankenstände und die Überwindung der Not breiter Gesellschaftsschichten, um nur einige zu nennen. Nun, heute sind wir wieder so weit.

Wieder geht ein Gespenst um in Europa!

Aber diesmal ist es nicht mehr der Geist des Sozialismus, sondern es ist der Geist der Heilung von den Übergriffen einer Propagandakultur, die an manchen Stellen schon die Form eines Massenwahns und eines völligen Realitätsverlustes angenommen hat.

Dieser neue Geist soll uns befreien von der Barbarei des letzten Jahrhunderts mit seinen Wahnsinnstaten der großen Weltkriege, mit dem Abwurf einer Atombombe über einer Großstadt unschuldiger Menschen, mit dem sinnlosen Wettrüsten, mit der rücksichtslosen Zerstörung der Ökologie dieses Planeten und einer beispiellosen Ungerechtigkeit in der Verteilung der Güter und des Reichtums dieser Welt. All dies, und noch vieles andere, kann man, von außen betrachtet, nur als kollektiven Wahnsinn bezeichnen, gekennzeichnet durch eine hochgradige Verblendung und Realitätsverweigerung im Innern des Systems.

Das ist lange Zeit fast ungehemmt und unbemerkt so fort und fort gegangen, und wir haben jetzt beinahe den Zustand von Orwells *1984* erreicht oder in manchen Bereichen sogar übertroffen, aber nun scheint endlich eine Wende einzusetzen.

Für die Analyse dieser Vorgänge an vielen historischen und zeitgenössischen Beispielen mit den Werkzeugen von Wisdom Science habe ich, wie sie sicher wissen, vor kurzem den Nobelpreis erhalten, und ganz besonders der zweite Teil meiner Analyse, der Prozess der Heilung der kollektiven Verwirrung, konnte in einigen Staaten schon mit großem Erfolg und in erstaunlich kurzer Zeit angewandt und durchgeführt werden.

Was sind nun die Kernpunkte dieser Analyse?"

Mit diesen Worten erscheint auf der Leinwand ein großer Text:

Die vier Phasen
der Zerstörung des geistigen Überbaus einer Gesellschaft:

1. Geistige Verwahrlosung
2. Moralischer Kollaps
3. Korruption, das bedeutet Verwesung
4. Massenwahn, das bedeutet Realitätsverlust

Der Redner lässt ihn etwas stehen und beginnt dann mit einem kurzen Kommentar.

„Liebe Freundinnen und Freunde, zu den vier Punkten im einzelnen:

Dass das Fehlen einer höheren Bildung, wie sie zum Beispiel Plato beschreibt, auf lange Sicht zur **geistigen Verwahrlosung** führen muss, liegt auf der Hand. Es erklärt, warum die Kirchen immer leerer werden, warum der moderne Mensch fast keine eigene spirituelle Praxis mehr übt, ja überhaupt keinerlei Sorgfalt auf die Entwicklung seines Charakters verwendet. Die Beichtpraxis ist fast völlig verschwunden, und jeder tut mehr oder weniger, was ihm passt.

Dass diese Entwicklung früher oder später zum **moralischen Kollaps** führt, ist auch klar. Falls es keinen Gott gibt, ist alles erlaubt, und wenn alles erlaubt ist, wozu sollte ich mich dann noch an irgendwelche ethische Prinzipien halten? Es genügt, wenn ich die Regeln so weit beachte, dass ich nicht vor Gericht komme, oder sogar das riskiere, wenn ich mir einen guten Anwalt leisten kann.

In einer Gesellschaft ohne höhere ethische Werte blüht natürlich auch die **Korruption**. Warum sollte ich mich nicht bereichern, mit allen Mitteln, die mir zur Verfügung stehen? Wer stellt denn noch Blumen auf in einem Haus, das gerade in sich zusammenbricht?

Wenn man die Gesellschaft dabei als „Organismus" betrachtet, dann beschreibt dieser Zustand den **Verwesungsprozess**. Die höheren Funktionen erlöschen, und die einzelnen Zellen beginnen sich zu zersetzen, während niedrigere Organismen allmählich die Substanz aufzehren.

Wenn auf diese Weise die höheren Ebenen zerstört sind, dann können alle Arten des **Massenwahns** auftreten, weil es keine ordnende geistige Kraft mehr gibt. Die Verbindung zur Wahrheit, zum gesunden Menschenverstand und zu den tatsächlichen Verhältnissen verschwindet zunehmend, und wird durch Propaganda oder Unterhaltungsmedien ersetzt, die uns eine Scheinwelt vorgaukeln, die mit der Wirklichkeit nur mehr wenig zu tun hat.

Hier werden typischerweise verschiedene Gruppen der Gesellschaft gegeneinandergehetzt, sinnlose Emotionen werden geschürt, um noch weiter von der Wirklichkeit abzulenken. Die Regierung und die Institutionen beginnen, immer mehr an der Wirklichkeit und am Volk vorbei zu regieren. Das liegt nicht einfach an den bösen Oligarchen oder an den Lobbys der großen Konzerne, das ist die Logik der Geisteshaltung des Spielzeugbahnhofs, der zu immer absurderen Entscheidungen und Vorschriften führt, die den natürlichen Lebensfluss lähmen.

Es ist die Phase, in der es sehr leicht zu sinnlosen Kriegen, zum völligen **Realitätsverlust**, zu Wirtschaftskrisen, zu Massenpsychosen und zu so schrecklichen Phänomenen, wie zum Beispiel dem Holocaust im Nazireich, kommen kann.

Diesen Zustand haben wir heute, zumindest tendenziell, in vielen Bereichen erreicht, und das alles wäre ein Grund zur Verzweiflung, wenn die Natur nicht auch einen Weg zur Lösung aus diesem Dilemma vorgezeichnet hätte. Dieser Weg sieht so aus:"

Bei diesen Worten wird abermals ein Text eingeblendet:

Die vier Phasen
des Wieder-Aufbaus des geistigen Überbaus
einer Gesellschaft

1. Einsicht in der Not
2. Wiederaufnahme der Verbindung
   zu den höheren Ebenen bei einzelnen Menschen
3. Vernetzung der Pioniere
4. Entwicklung tragfähiger Institutionen und
   neuer Gemeinschaftsformen

Wieder bleibt der Überblick etwas stehen, dann fährt der Redner fort:

„Wenn wir sehen, dass die **Not** immer größer wird, dass die Depression der Menschen in unerträgliche Höhen wächst, wenn die Wirtschaft versagt, wenn Kriege die Welt überziehen, wenn Krankheiten uns überrollen, ohne dass wir uns kollektiv dagegen wehren können, und wenn die ganze Welt in einem führerlosen Chaos versinkt, dann kann es sein, dass ein allgemeines **Umdenken** einsetzt, und dass man bereit wird, wieder auf die

Wirklichkeit selbst zu schauen, statt sich dauernd etwas vorzumachen. Das ist der erste Schritt.

Wenn nun die allgemeine Stimmung für einen Wandel gegeben ist, dann können **einzelne Menschen** beginnen, die **Verbindung zu den höheren Ebenen** des Geistes wieder aufzubauen, d. h. die „höhere Bildung", wie sie Plato vorschlägt, an einzelnen Stellen intensiv voranzutreiben. Das bedeutet gezielte geistige Schulung, spirituelle Praxis jenseits von privater Esoterik, das Entwickeln wirklicher geistiger Kraft usw.

Wenn in diesem allgemeinen Klima der Wiederaufnahme der Verbindung zu den höheren Werten einzelne Menschen auf ihrem persönlichen Weg erfolgreich geworden sind, dann kann man anfangen, die **Pioniere gezielt miteinander in Berührung** zu bringen, einen Austausch unter ihnen herbeizuführen, Orden zu gründen, Treffpunkte auszubauen, usw.

Wenn dieses Netzwerk eine gewisse Dichte erreicht hat, dann kann man im vierten Schritt beginnen, **größere gestaltende Organisationen** zu entwickeln, internationale Bewegungen zu gründen und neue Formen des menschlichen Zusammenlebens zu praktizieren und ihnen eine sichtbare Gestalt zu geben.
Wenn auf diese Weise der Wiederaufbau des geistigen Überbaus zumindest strukturell wieder gelungen ist, dann kann diese Gestalt allmählich auf die politische und wirtschaftliche Entwicklung der Menschheit gezielt einwirken, das Chaos lichten und eine neue Weltordnung grundlegen, die diesen Namen wirklich verdient.

Soweit die vier Punkte: Was sollen wir uns nun unter so einem **„geistigen Überbau"** der Gesellschaft vorstellen?

Kurz gesagt, es sind die gemeinsamen Werte und Haltungen, die über die egoistischen Ziele einzelner Menschen oder Familien hinausgehen. Es sind Werte der Gemeinschaft oder sogar der Menschheit, für die es sich lohnt, sich mit ganzem Herzen einzusetzen. Es sind Werte, die inspirieren, die Hoffnung geben, Werte die Freude machen und ein gemeinsames Tun anleiten. Diese Werte werden durch die Kulturschaffenden gepflegt, durch große Schriftsteller, durch Theaterstücke, durch gute Filme usw. Sie werden ausgedrückt durch ausgezeichnete Leistungen in der Malerei, der bildenden Kunst, der Musik oder der Wissenschaft. Sie äußern sich im Leben und in der Geschichte besonderer Menschen, aber sie durchdringen natürlich auch ganz allgemein das Denken und Fühlen einer Kultur.

Diese höheren geistigen Werte sind nicht passiv, sie beleben und segnen, sie regen zu großen Taten an, sie heilen und sie verbinden. So entwickeln sie eine Eigendynamik, die über die Tätigkeit und die Leistung einzelner Menschen weit hinausreicht. Hier liegen die wahren Werte, hier liegt die Kraft und die Bedeutung einzelner Völker und letztlich der ganzen Menschheit auf ihrem Weg durch das Universum.

Wisdom Science nennt diese geistige Gestalt eine **MPR, ein vieldimensionales Beziehungsmuster**. Das ist deswegen wichtig, weil sich diese Gestalten an vielen Orten des Universums beobachten lassen, und man ihre Gesetze daher leicht studieren kann. Ein menschlicher Körper zum Beispiel ist ebenso eine MPR wie eine ganze Kulturgemeinschaft. Übrigens verwendet auch Paulus diesen Vergleich, wenn er im Römerbrief über den „Mystischen Leib Christi" spricht.

Das Besondere an dieser Gestalt, an dieser MPR, ist, dass sie verschiedene unterschiedliche und oft gegensätzliche Tendenzen zu einem harmonischen Ganzen zusammenfügen kann. Die Gegensätze von Mann und Frau z.B. werden nicht gleichgemacht oder ignoriert, sondern im Gegenteil, sie führen zu neuen fruchtbaren Formen einer höheren Vereinigung.

Blüht diese Gestalt, dann ist der Körper oder die Beziehung gesund. Blüht diese Gestalt, dann geht es mit der Kultur aufwärts, das Leben ist erfreulich, und die Bedingungen verbessern sich spürbar mit jedem Jahr; ein „Goldenes Zeitalter" bricht an.

Blüht aber diese Gestalt nicht, dann altert die Gesellschaft oder wird krank. Wisdom Science spricht dann davon, dass die **MPR „kippt"**, d. h., dass sie sich nicht mehr nach den höchsten Werten ausrichtet, sondern auf eine Seitenlinie gerät, die sich immer mehr vom Ganzen abhebt. Schreitet dieser Prozess fort, dann ziehen sich allmählich die schöpferischen und aufbauenden Kräfte aus der MPR zurück, und nur die niedrigeren Ebenen bleiben erhalten. Die Kultur ist dann, wie man so sagt, **„von allen guten Geistern verlassen".**

In der Praxis bedeutet dies: Wenn Ignoranten und Schurken im Land den Ton angeben, dann ziehen sich die edlen Menschen aus dem öffentlichen Leben zurück. Die Verhaltensmuster in der Gesellschaft sinken dadurch auf ein niedrigeres Niveau ab. Statt einer humanen Hochkultur treten die Instinktmuster des Steinzeitmenschen hervor. Statt Vertrauen herrscht zunehmend Angst. Wenn zuletzt sogar diese Stufe, die Basis der Säugetiere, verloren geht, dann regieren die primitiven Muster der Dinosaurier, die Hackordnung im Hühnerstall oder das Ausgrenzen und im schlimmsten Fall das Vernichten einzelner Gruppen der Bevölkerung.

Wenn man so einen **Zustand heilen** will, wenn man also die gekippte Hierarchie, **die gekippte MPR, wieder aufrichten** möchte und ihre höchsten Ebenen dem Schöpfungsstrom öffnen, dann darf man nicht naiv vorgehen. Es ist wie in einer durch einen Krieg zerstörten Stadt. Die Bewohner möchten sie zwar gerne wieder aufbauen und eine gerechte und harmonische Ordnung einführen, aber die Besatzungsmacht, die die Stadt ursprünglich zerstört hat, ist noch nicht ganz abgezogen, und außerdem haben sich allerlei Räuberbanden gebildet, denen der gesetzlose Zustand recht gut gefällt.

Mit solchen Kräften muss man beim Wiederaufbau des geistigen Überbaus einer Gesellschaft rechnen. Und erst wenn dieser Aufbau geistig gelungen ist, wenn die Besatzungsmacht vertrieben ist, kann man die Heilungsarbeit auch in der sichtbaren Welt mit Erfolg durchführen. Eine gekippte MPR, in unserem Bild die verbliebene Besatzungsmacht, verfügt nämlich durchaus über große Intelligenz und übt einen nennenswerten Einfluss auf manche Teile der Kultur aus.

Es ist auch entscheidend, in diesem Ringen nicht zu den Waffen zu greifen oder zu polarisieren, denn dies würde unweigerlich einen neuen Absturz der mühsam aufgebauten Beziehungsmuster in der Gesellschaft bedeuten.

Niemand würde heute mehr einen Staudamm bauen, ohne die Gesetze der Statik zu beachten. Ebenso wird man in der Zukunft keine große politische Entscheidung mehr treffen, ohne ihre Auswirkungen auf das geistige Klima im Lande zu beachten. Die gezielte Lenkung und ein Verständnis für diese Vorgänge, ebenso wie für die Gefahren dabei, ist entscheidend für eine Vereinigung der Menschheit in einer größeren Einheit, also das, was wir alle hier wünschen."

Mit diesen Worten überreicht der Redner das Mikrofon einer Frau, die schon eine ganze Weile neben ihm gestanden hat. Es ist eine schöne Frau, eine wunderbare Erscheinung, deren Anblick das Herz erfreut, ohne es zu verwirren.
Und wie sie das Mikrofon übernimmt, hört man, dass sie eine Melodie summt, dass einzelne Worte eines Liedes vernehmbar werden.
Erst jetzt scheint die Versammlung wirklich zu beginnen. Die Aufregung, die Sorge und die Spannung fallen ab, und eine spürbare Erleichterung erfasst alle Menschen im Raum. Hie und da ein Lächeln, freundliche Gesten und ein Gefühl des gemeinsamen Verbundenseins breiten sich aus.
Auch der erste Redner war herzlich begrüßt worden, aber jetzt kommt eine heitere und gesammelte Stimmung dazu, die unwillkürlich alle Anwesenden erfasst.
„Eines Nachts, als alles still war, da hatte ich einen Traum. Ich sah eine glänzende Pauke mit goldenem Licht überall. Strahlend wie die Sonne leuchtete sie allüberall, und alle zehn Himmelsrichtungen wurden von ihr erhellt."

In der Melodie werden einzelne Worte eines alten Liedes hörbar, das nun langsam verklingt.
 „Freut euch, noch einmal sage ich: Freut euch, dass wir hier sein dürfen, dass wir atmen und leben, und dass wir an diesem großen Werk teilnehmen dürfen!"

Mit diesen Worten wendet sich die Rednerin nun an alle Zuhörer:

„Dieses alte Lied spricht vom goldenen Licht, das alle Leiden der Menschheit und auch der anderen fühlenden Wesen auflöst und heilt. Und dieses Licht gibt es wirklich, ich habe es gesehen und habe es gespürt und will euch davon erzählen.

Wenn wir wirklich etwas erreichen wollen, wenn wir nicht wollen, dass die gute Absicht dieser Versammlung wieder so endet, wie die Versuche der Vergangenheit, den Krieg zu beenden, wie z.B. der Völkerbund des Präsidenten Wilson am Ende des Ersten Weltkriegs - aus dem nichts wurde, oder aus der UNO und den Vereinten Nationen nach dem Zweiten Weltkrieg, oder wie die vielen Versuche der Friedensbewegung und anderer Gruppierungen, dann müssen wir unserer Gemeinschaft eine andere Basis geben; wir brauchen mehr als Vernunft und guten Willen, so wichtig das auch sein mag.

Zum Glück gibt es eine Kraft in unserer Erde, die das tun kann, und die nur darauf wartet, uns aus unserer Not zu helfen.

Martin Luther King hat eine berühmte Rede so begonnen: Ich habe einen Traum! Und dieser Traum war, dass Menschen verschiedener Hautfarbe in Frieden miteinander leben können, und dass die Sklaverei ein Ende haben muss. Erstaunlich schnell hat sich dieser Traum erfüllt, und es gab sogar nicht lange danach einen amerikanischen Präsidenten von dunkler Hautfarbe, der von allen geachtet und geschätzt wurde.

Nun möchte ich zuerst von meiner Freude erzählen, von einem Glück, das sich mit keinem anderen Glück vergleichen lässt. Es ist wie ein Kelch voll edlem Champagner im Vergleich zu einem Glas Sodawasser mit etwas Zucker oder wie ein leuchtender Rubin im Vergleich zu einem roten Ziegelstein. So übersteigt diese Freude alles, was das Ich und die Sinnenwelt uns schenken können. Es ist die Freude, selbst am Schöpfungsstrom teilzunehmen, sein Herz einzuordnen und mitfließen zu lassen in den Kräften, die dieses Universum und diese Erde aufgebaut haben.

Diese Freude und diese Kraft sind wirklich, sie sind keine Illusionen und keine theoretischen Vorstellungen, sondern etwas, das jeder Mensch tatsächlich erleben kann, etwas, das ihm Kraft gibt, Richtung und die Fähigkeit auch schwierige Umstände zu meistern. Auf dieser Kraft wollen wir unsere Bewegung aufbauen.

Und nun möchte ich von einem Traum erzählen, den ich vor einer Weile wirklich geträumt habe, während ich mit dem Werk beschäftigt war, das wir heute miteinander beginnen.

Der Traum ging so:

Ich wanderte über die Erde hin und es ging ganz leicht und mühelos. Und bei dieser Wanderung sah ich Asien und China und das große Gebirge des Himalaja. Und dort sah ich Farben und Linien wie auf einem durchscheinenden Pergament sich zu einer dreidimensionalen Gestalt ordnen. Es war ein Mandala und ich spürte, dass dies das Mandala von Shambala war, das vielleicht auch mit anderen Namen bekannt ist.

Und dann ging ich weiter und ich sah ein zweites Mandala dieser Art auf durchscheinendem Pergament mit geordneten Farben und Linien und Kreisen, und ich wusste, das ist Jerusalem. Und dann sah ich, wie sich die beiden Bilder übereinanderlegten, wie sie miteinander, ohne sich aufzulösen, ein gemeinsames Ganzes zu bilden begannen.

Und dann spürte ich ein weiteres Mandala dieser Art auftauchen, und vielleicht noch weitere.

Was mag dieser Traum wohl bedeuten, fragte ich mich. Denn, dass er eine Bedeutung hatte, war mir von vornherein klar.

Der große Psychologe C.G.Jung, so erinnerte ich mich, hat einmal geschrieben, dass seine größte und wichtigste Entdeckung diese ist: In der seelischen Entwicklung des modernen Menschen geht es darum, sein Ich in ein größeres Ganzes einzuordnen, in ein „Selbst", wie er es nennt. Dieser Prozess verläuft über mehrere Wandlungsstufen und bewirkt eine Gegensatzvereinigung, die Harmonisierung scheinbar widersprüchlicher Prinzipien. Dieser Wandlungsprozess wird befreiend erlebt, so als hätte der Mensch mit Gott seinen Frieden gemacht. Und dieser Prozess wird in Träumen und Visionen begleitet von den Bildern eines Mandalas.

Während nun in der Vergangenheit, im Mittelalter und danach, im Zentrum dieses Mandalas im Abendland die Gestalt Jesu zu finden war, so ist in den Mandalas des modernen Menschen das Zentrum leer.

Das Tao, das genannt werden kann,
ist nicht das ewige Tao.
Der Name, der genannt werden kann,
ist nicht der ewige Name.

So spricht schon seit Jahrtausenden das chinesische Weisheitsbuch des Meisters Laotse.

Vielleicht wollen diese Bilder bedeuten, dass nun langsam die Zeit gekommen ist, dass sich die Mandalas der verschiedenen Kulturen dieser Welt synchronisieren wollen, dass sie beginnen wollen, miteinander zu klingen und zu schwingen, und dass auf diese Weise die Herzen der ganzen Menschheit zum Zusammenklang gebracht werden können.

Alle Menschen werden Brüder, ...

oder Schwestern, wie in der neunten Symphonie des großen Meisters Beethoven zu Schillers Worten gesungen wird.
Vielleicht ist es die Aufgabe unserer Zeit, dieser Versammlung, aber auch der ganzen kommenden Kulturepoche, diese Harmonisierung durchzuführen.
Es hat fünf Jahrhunderte gedauert, die Vernunft in all ihren Fähigkeiten zu entfalten und zu entwickeln. Vielleicht wird es wieder einige Jahrhunderte dauern, das hoch entwickelte Ich, das sich so aus seinem Mutterboden gelöst hat, in neuer Weise in eine harmonisierte Menschheit zu integrieren und einzuordnen.

Wir wollen daher verstehen lernen, wie dieser Vorgang sich in seinen Einzelheiten entfaltet, und ihn nach besten Kräften unterstützen und fördern, und auch herausfinden, wo und wie wir ihm im Wege stehen. Wir wollen sehen, wie wir die Mandalas unserer Völker und Kulturen heilen und reinigen können und wie wir sie miteinander in Verbindung bringen.

Denn was sind denn diese Mandalas? Es sind Bilder für die Beziehungsmuster, die in unseren Gemeinschaften und Gesellschaften herrschen. Es sind die Gefühle der Zugehörigkeit und Liebe und es ist die Art, welche Regeln und Gesetze wir akzeptieren und welche nicht.

Jede Familie, jeder Stamm und jede Nation hat solche Regeln und Muster und natürlich auch jede Religionsgemeinschaft. Diese Mandalas sind der Weinstock, an dem die Seelen der Menschen wie die Reben wachsen und gedeihen.

Das Veredeln dieser Strukturen ist das Wesentliche in der Entwicklung der Menschheit. Hier entscheidet sich, wie wir miteinander umgehen, wie wir miteinander leben wollen und was als richtig und was als falsch gilt.

Wenn diese Muster harmonisiert sind, dann ist es z.B. nicht mehr möglich, andere Völker auszugrenzen und zum Feind zu erklären. Auch ein grimmiger Soldat wird nicht bereit sein, seine Waffe auf die eigene Mutter zu richten und abzudrücken, ganz egal, welchen Befehl man ihm gibt. Ebenso können die Herzen der ganzen Menschheit zu einem Gefühl des gemeinsamen Grundes kommen.

Systematisch verunreinigt werden diese Mandalas durch ein unseliges Doppelspiel: durch Gewalt und Unterdrückung auf der einen Seite, durch Feigheit, Ignoranz und Opportunismus auf der anderen. Dies sind die Mechanismen, mit denen die natürliche Entwicklung überall unterwandert und aufgehalten wird, und diese Kräfte müssen wir in uns und außerhalb von uns überwinden.

All das, wie schon gesagt, wird eine ganze Weile dauern, wir werden viele Phasen und viele Auf und Ab erleben, aber die Richtung, die wir dabei einschlagen sollen, ist klar.

Wir werden lernen, diese unsichtbaren aber doch wirkmächtigen Beziehungsmuster wahrzunehmen und zu pflegen, ebenso wie die Naturwissenschaft die Gesetze der materiellen Natur aufgedeckt hat. Wir brauchen eine „Weisheitswissenschaft", die es zum Glück in den Ansätzen schon gibt, um die Prozesse, von denen hier die Rede ist, zu erfassen und zu unterstützen.

Schon Goethe hat im zweiten Teil seines Faust darüber nachgedacht, wie diese Wandlungen und Metamorphosen vor sich gehen könnten, und dabei auf die Bilder der Tradition zurückgegriffen. Auch der Psychologe C.G.Jung hat in den Träumen und Visionen der Menschen, die er beobachtete, die Wandlungsbilder dieser Dimension wieder erkannt.

Wenn wir verstehen wollen, was hier mit uns geschieht, dann ist es vielleicht dies:
In der letzten Epoche, in der Neuzeit, die nun ihrem Ende zugeht, haben wir im Abendland das Ich mit seinem dualistischen

Welt- und Selbstbild, also wahrscheinlich die Hirnfunktion, aus der Umgebung der Erde herausgelöst, aus dem Mandala der Vergangenheit, und weitgehend selbstständig gemacht.

In der nun kommenden Epoche wird es darum gehen, diese gereifte Persönlichkeit auf einer neuen Ebene wieder in den Gesamtstrom des Universums einzuordnen, also über eine Gegensatzvereinigung von Paradoxien zu einem nichtdualen Gewahrsein zu kommen, gestützt auf ein Mandala, in dem die ganze Menschheit zusammen schwingt.

Das hört sich sehr kompliziert an, ist aber in Wirklichkeit ganz einfach. Es ist das lebendige Gewahrsein des Hier und Jetzt, direkt und unverstellt. Die Bäume sind dann wieder Bäume und Flüsse sind wieder Flüsse, über denen die Sonne aufgeht und ihr goldenes Licht verbreitet.

Erst wenn dieser unsichtbare Prozess weit genug gediehen ist, kann sich die Menschheit wirklich vereinigen und zur Ruhe kommen. Aber schon jeder einzelne Schritt auf diesem Weg ist von unschätzbarem Wert und wird von Freude und Glück begleitet. Und so wie Jesus zu Ostern in seinen Abschiedsreden gesagt hat, erinnern wir uns an seine Worte:

Ein neues Gebot gebe ich euch:
Liebt einander, so wie ich euch geliebt habe!

Freut euch,
und
noch einmal sage ich: Freut euch."

Wisdom Science Project (WSP)

Ensuring **sustainability**

through a collective moral **„immune system"** for mankind

based on a **new paradigm of science**.

Are not poverty & need the greatest polluters?
Indira Gandhi

Poverty and need are not simply God-given. In a society with highly sophisticated technology they are the result of the misuse of human freedom, based on ignorance and selfishness. We can fly to the moon and split the atom, but apparently we are unable to solve even the most primitive problems of social life or stop global warming. What may be the cause for this strange state of affairs?

Maybe the answer is this: approximately every 500 years a period of human development ends and a New Age begins. Every age of this type has specific qualities and emphasises different aspects of reality, while neglecting others. In our case the Age of Enlightenment is coming to an end. In this age we have become giants in technology, but we are still dwarfs in the quality of our social relations.
That is no accident, no arbitrary phenomenon, but the logical result of our present approach to reality. This approach was formulated by the 17th-century philosopher René Descartes in his „Discours de la méthode" on how to use logic and reason. In this book he suggests to handle reality in four steps: 1) doubt everything, until you have proved it yourself. 2) split up every problem in as many small steps as possible. 3) make a complete list of all elements involved, to make sure, nothing is left out. And 4) add all the minor results to create a bigger picture. This

approach is currently used in all fields of research and social life, and obviously it is well suited to address the physical world and primitive levels of reality. However, as we can see now, the programme fails, if it is used to deal with higher levels of reality such as life, consciousness, morality, religion and so on. If you cut a living cell into small pieces, you may be able to correctly study the DNA, but you will never understand the secret of life itself, as you are always dealing with dead elements.

The organism of human societies which is ultimately responsible for the function of a community and its institutions, for social well-being as well as mass poverty, corruption and war, is made up of a complex web of subtle relationships organised on various hierarchic levels. This organism cannot be properly understood or investigated with the current principles, it needs a completely new approach. If this approach is applied successfully, it may become the base of a new age of human development, comparable to the Age of Enlightenment or the Middle Ages.

You cannot repair a failing system with the method that created the problem in the first place. Therefore splitting up sustainability in 17 SDG goals & their 169 targets will have some effect, and it may be a step in the right direction, but it will not trigger a decisive change of the type that we need now, as it is just another application of the old principles.

For this reason WSP (Wisdom Science Project) suggests to go back to the philosophical roots of our age, and to solve the problem on this level first. In the 17th century the observer of the universe, the rational mind itself, was systematically excluded from the legitimate field of research. This was a very useful and powerful policy at the time, but this approach is becoming more and more dangerous now. So, instead of using the rational observer, the „cogito ergo sum" as the basic point of reference, in the new science, the concept of a „natural mind" which also includes higher levels of reality will be used as a base. From here the concept of „creative union", the union of opposing forces of relationship on a higher level of complexity, will be used to understand the wider universe and to enlarge the one-dimensional concept of cause and effect of classical science.

Based on these principles the complex and multidimensional web of relationships that govern a human society may be studied and understood in a scientific way. This approach has already been developed up to the level of a series of textbooks, ready to be used in university for post- graduate studies. The application of these textbooks for teachers and students can trigger further research and quickly spread in the scientific community of the whole world.

This scientific base can then be transported into the broader community and to decision-makers in politics and economy through individuals of high moral and mental integrity, that have shown that they are prepared to sacrifice personal benefits for higher values and in this way are immune to corruption and deception. The culmination of this process, that may require several decades to unfold, could be a „world conference" with distinguished representatives of all nations to discuss the problems of mankind and find global solutions, especially for the transition of the society from the present to a new world order.

This move may open up a completely new chapter in the history of science, and create a paradigm-change comparable with the revolutions brought about by Newton, Darwin or Einstein. The spreading of this new science may then create a potent field of mutual understanding of different countries and nations, giving this „world conference" a global universality and impact that music in the New Years Concert or sports in the Olympic Games enjoy already now.

V.

DAS GLEICHNIS VOM WASSERWERK

1984
Es begann im symbolträchtigen Jahr 1984.

Ich war nach einem Dreijahres-Retreat in einer Felshöhle des Himalaja nach Europa zurückgekehrt und hatte mich nach dem harten Leben und den Entbehrungen der Einsiedelei schon sehr auf meine Heimat gefreut.

Als ich aber da war, erlebte ich einen schweren Schock, der als Europa-Schock bekannt ist. Trotz der wundervollen Lebensbedingungen, des schönen Landes, des guten Essens und aller Annehmlichkeiten einer zivilisierten Kultur schienen mir die Menschen hier keineswegs glücklich oder zufrieden zu sein, ganz im Gegenteil, die meisten waren gehetzt und unglücklich, überlastet und verwirrt, so als wären sie schwer bedrückt oder von einer seltsamen geistigen Krankheit befallen.

Durch das lange Leben in der Einsamkeit waren meine Sinne und mein Geist geschärft, all diese Dinge deutlich wahrzunehmen und ich wurde von Mitgefühl erfüllt. Dann versuchte ich natürlich Hilfe zu schaffen, denn es war klar, so konnte es mit dieser Kultur nicht lange gut gehen.

Also fasste ich den Entschluss, meine Lebensarbeit der Lösung dieses Problems zu widmen.
Ich sah mich zunächst um, ob nicht auch andere Menschen das Phänomen wahrgenommen hatten und fand z.B. bei dem berühmten Psychologen C.G.Jung die folgende Einsicht:

„Wir bedürfen heute der Psychologie aus vitalen Gründen.
Man steht perplex, verdummt und ratlos vor dem Phänomen
des Nationalsozialismus und Bolschewismus,
weil man nichts vom Menschen weiß, oder doch nur
ein halbseitiges und entstelltes Bild von ihm hat.
Hätten wir Selbsterkenntnis,
so wäre das nicht der Fall.
Vor uns steht die furchtbare Frage nach dem Bösen,
und man weiß es nicht einmal,
geschweige denn eine Antwort."

... oder noch früher, im 19. Jahrhundert, also vor den furchtbaren Weltkriegen, bei Friedrich Nietzsche das Wort:

> *„Unsere ganze europäische Kultur bewegt*
> *sich seit langem schon mit einer Tortur der Spannung,*
> *die von Jahrzehnt zu Jahrzehnt wächst,*
> *wie auf eine Katastrophe los:*
> *unruhig, gewaltsam, überstürzt:*
> *einem Strom gleich, der ANS ENDE will,*
> *der sich nicht mehr besinnt,*
> *der Furcht davor hat,*
> *sich zu besinnen."*

Ich verfasste meine Dissertation zu diesem Thema und forsche nun seit 40 Jahren, also fast ein ganzes Menschenalter, auf diesem Gebiet.

Die Ergebnisse dieser Forschung könnten ganze Bibliotheken füllen, nur, wer würde sie lesen?

So habe ich mich entschlossen alle Einzelheiten wegzulassen, um in einem kurzen, überschaubaren Text die Zusammenhänge so einfach wie möglich darzustellen.

Vieles wird dabei nur angedeutet und offengelassen, und vieles, sehr vieles, als bekannt vorausgesetzt, denn ich habe meine Arbeit ja nicht im luftleeren Raum begonnen, sondern viele große Denker und Forscher haben sich dem Thema schon gewidmet.

Auf den Schultern von Riesen wie Plato, Goethe oder Hegel stehend kann auch ein bescheidener Geist einen Blick in die Zusammenhänge tun, so wie ich das versucht habe. Und heute scheint diese Forschung notwendiger geworden zu sein denn je, denn die Dinge haben sich seit 1984 keineswegs verbessert, ganz im Gegenteil, die Vorgänge der letzten Jahre zeigen, dass die Not mit jedem Jahr größer wird.

Wie könnten wir uns also unsere Situation erklären?

Geistige Verwahrlosung

Als ich 1984 zurückkam, hatte ich schon das Lebensgefühl mehrerer Kulturen kennen gelernt und konnte daher einen direkten Vergleich ziehen:

Was ist das Besondere an unserer Kultur? Was könnte die Ursache sein für diese seelische Missstimmung, für dieses „Unbehagen in der Kultur," wie sich Freud ausgedrückt hat?

Das, was einem unbefangenen Beobachter als erstes auffällt ist, dass wir die geistige Welt nicht ernst nehmen! Sie scheint irgendwie unwichtig und unwirksam geworden zu sein.

Zwar gibt es noch die alten Kirchen, die schönen Gebäude und ein wenig Tradition, aber sie spielen fast keine Rolle mehr. Die besten Köpfe, die fähigsten Menschen gehen heute nicht in die geistige Arbeit, in die Entwicklung kultureller Werte, sondern sie gehen in die Banken, in die Konzerne, in die Versicherungen oder manchmal in die Wissenschaft.

Das alles mag nebensächlich erscheinen, aber stellen wir uns vor, man würde die Wasserversorgung, die Kanalisation und die Müllabfuhr in einer Großstadt ähnlich behandeln!

Anfangs würde es noch gutgehen, denn die alten Strukturen funktionieren und werden aus Gewohnheit aufrechterhalten. Aber wenn es keine Reparaturen mehr gibt, keine Erneuerungen und keinen persönlichen Einsatz, dann würden sich die Dinge allmählich verschlechtern.

Die Wasserqualität würde nachlassen, weil niemand mehr die Behälter reinigt oder desinfiziert, in der Kanalisation würden immer mehr Verstopfungen auftreten, und die Müllwagen würden nicht mehr regelmäßig verkehren.

Dann würden die Menschen beginnen, das was früher gemeinsam gelöst wurde individuell zu erledigen. Man würde den Müll mit dem Privatauto an den Stadtrand bringen oder einfach liegen lassen; statt Wasser aus der Leitung würde man Mineralwasser aus dem Supermarkt besorgen und statt der gemeinsamen Kanalisation würde man einzelne Sickergruben anlegen.

Ein verrücktes Bild, aber all das geschieht heute auf geistigem Gebiet. Die Esoterik boomt, jeder macht sich seine eigene Privatreligion, und die einfachsten Grundregeln der geistigen Hygiene sind entweder unbekannt oder werden missachtet.

Natürlich breiten sich da die geistigen Seuchen aus, wie wenn in einer Stadt die seelische Wasserversorgung versagt, die moralische Kanalisation verstopft ist, und die geistige Müllabfuhr nicht mehr funktioniert.

Moralischer Kollaps

Eine Gesellschaft ohne Religion und geistige Werte verliert sehr bald auch die Moral.

„Falls es keinen Gott gibt, ist alles erlaubt",

wie sich Dostojevski ausdrückt.

Diesen Zustand haben wir heute erreicht.
Man fragt sich nicht mehr, ob die Dinge richtig sind, die wir tun, ethisch oder gar liebevoll, es geht nur noch darum, ob Regeln oder Gesetze richtig eingehalten werden. Außerdem glaubt man, man könne diese Regeln beliebig festsetzen und mit allen Mitteln manipulieren.

Wer hätte den moralischen Rückfall um 1000 Jahre im Nazireich beim Volk der Dichter und Denker für möglich gehalten, oder ganz aktuell, wer hätte die absurden Argumente im amerikanischen Senat beim Amtsenthebungsverfahren von Trump bei intelligenten Menschen im 21. Jahrhundert überhaupt noch für denkbar gehalten?

Korruption, das bedeutet Verwesung

Wenn die geistigen Werte in der Gemeinschaft verwahrlosen, wenn die Moral verschwindet, dann löst sich auch das Wertegefüge der ganzen Gesellschaft allmählich auf.

Wer setzt sich noch für das Gemeinwohl ein, wenn es keine gemeinsamen Ideale mehr gibt, wer setzt sich für die feineren und subtilen Ebenen der Kultur oder der menschlichen Entwicklung ein, wenn hier alles zerfällt?
Wer malt noch ein Zimmer aus oder stellt Blumen auf, während das ganze Haus zusammenstürzt?

Unter diesen Umständen wird jeder nur mehr seinen eigenen Vorteil suchen und sein eigenes, kleines Leben zum Zentrum machen.

Das ist dann die seelische Grundlage für eine allgemeine Korruption, in der jeder das System nach Kräften ausnützt und sich holt, was er nur bekommen kann.

Es geht dabei nicht nur ums Geld, sondern auch um das Einnehmen von privilegierten Positionen, die zunehmend nicht mehr von den Menschen besetzt werden, die wirklich der Gemeinschaft dienen wollen, sondern von jenen, die es geschafft haben zufällig oder aus schlimmeren Gründen dort zu landen.

Es ist wie mit einem Körper, der stirbt und allmählich in Korruption (Lateinisch: Verwesung) übergeht.

Die höheren Fähigkeiten erlöschen, der Kreislauf bricht zusammen, während einzelne Zellen noch weiterarbeiten und gemeinsam mit verschiedenen anderen Wesen die Substanz aufzehren, bis der Leichnam ganz verschwunden ist.

Die Menschen buckeln nur mehr vor dem Geld und der Organisation, etwas anderes kennen sie nicht mehr.

Wie sind wir dorthin geraten?

Wenn man einfach auf unsere Situation blickt, dann ist sie schwer zu verstehen.

Auch wenn man auf die letzten Jahrzehnte zurückschaut, dann leuchtet die Entwicklung nicht ein. Sogar wenn man 100 Jahre zurückgeht bleibt die Sache rätselhaft.

Erst wenn man den Blick noch weiter öffnet, dann beginnen die großen Linien sichtbar zu werden und die Sache Sinn zu machen.

Etwa alle 500 Jahre verändert sich nämlich das Selbstbild der Menschen grundsätzlich. Und in einen solchen Übergang sind wir offensichtlich geraten.

Eine Epoche beginnt, sie blüht auf, aber sie stirbt auch wieder und löst sich dabei auf. Da dies Vorgänge sind, die sich über viele Jahrhunderte erstrecken und viele Menschenalter und Generationen umfassen, sind sie im Augenblick schwer wahrzunehmen und zu verstehen.

Nach dem Ersten Weltkrieg herrschte in Deutschland die Stimmung eines Weltuntergangs. In dieser Situation wurde das Buch von Oswald Spengler: *„Der Untergang des Abendlands"* zum Bestseller, weil der Titel genau den Zeitgeist zum Ausdruck brachte.

Spengler beschreibt hier wie verschiedene Kulturen kommen, aufblühen und wieder gehen, und dass dieser Vorgang nichts Ungewöhnliches ist, da er in der Menschheitsgeschichte schon oft vorgekommen ist und einem natürlichen Gesetz folgt. Außerdem haben Hegel und darauf aufbauend Marx schon früher klargemacht, dass sich dieses Kommen und Gehen nicht einfach im Kreis dreht, sondern dass es eine dialektische Entwicklung gibt, These und Antithese, die insgesamt einen Fortschritt der menschlichen Gesellschaft bewirken.

Der Niedergang einer Form ist dabei notwendig, damit eine andere überhaupt entstehen kann, und die Polarisierung am Schluss einer Epoche ist eine notwendige Vorbedingung für den nächsten Schritt.

Die Epoche in der wir uns befinden, und die sich jetzt ihrem Ende zuneigt, ist die Neuzeit, die Renaissance, das Zeitalter der „Erleuchtung", wie sich der Engländer ausdrückt.

Diese Epoche ist geprägt vom Aufstieg der Vernunft, von der Reformation Luthers und anderer religiöser Erneuerer, von der Erfindung des Buchdrucks, dem Entstehen des Nationalstaates und der französischen Revolution. Die Zeit ist geprägt vom Niedergang des Adels und der Kirche und vom Aufstieg des Bürgertums, von der Ablösung der geistigen Werte durch den Kapitalismus, durch seine Korrektur im Kommunismus und durch den Siegeszug von Wissenschaft und Technik im 19. und 20. Jahrhundert.

Diese Geisteshaltung hat die Welt erforscht und erobert wie keine andere vor ihr, aber jetzt ist sie offensichtlich in eine Krise geraten. Zunächst die Katastrophen der beiden Weltkriege, dann, nach dem Zerfall der Sowjetunion und dem Verschwinden der kommunistischen Konkurrenz, der Turbokapitalismus, die Globalisierung und der Neo-Liberalismus.

Das sind, plakativ gesprochen, die Leitwerte der Endzeit unserer Epoche.

Die neue Epoche

Altes vergeht, Neues entsteht, und so wie die Neuzeit mit ihren Idealen und Mustern sich auflöst, werden neue Werte in der Menschheit aufsteigen und den nächsten Schritt in der Evolution des Lebendigen bewirken.

Es sind die Beziehungsmuster, die in der Gemeinschaft herrschen, die hier von ausschlaggebender Bedeutung sind und auf die es in der Entwicklung ankommt.
Diese Beziehungsgestalten haben verschiedene Ebenen der Komplexität, der Verfeinerung und der wirksamen Energie. Die höheren Ebenen dieser Gestalt sind bei uns weitgehend verschwunden und haben ein großes Vakuum hinterlassen. In diesem Vakuum wirken nun mehr oder weniger zufällige Kräfte oder gefährliche Irrwege, wie zum Beispiel die geschickten Inszenierungen der Massenveranstaltungen der Nazis im Dritten Reich.

In diesem Gebiet muss unsere Aufbauarbeit ansetzen, hier müssen echte spirituelle Werte aufgebaut und entwickelt werden. Erst wenn diese Werte, diese lebendigen Beziehungsgestalten, sich allgemein verbreiten und die Gesellschaft allmählich durchdringen, werden auch die Symptome unserer Krise verschwinden.
Alles andere, jeder Versuch unser Dilemma auf oberflächliche Weise zu lösen oder unsichtbar zu machen, kann nur eine vorläufige Symptomkur bleiben.

SCHLUSS

SCHLUSS

Weise Menschen aller Zeiten haben sich gewünscht,
nicht in einer Epoche leben zu müssen,
in der das Gute
keine Anziehungskraft besitzt,
das Böse nicht abstößt,
die Wahrheit keine Wirkung hat,
die Lüge keine Missetat ist.

Afrikanische Weisheit

Zum Schluss

Von allen guten Geistern …

KRIEG BEDEUTET FRIEDEN
FREIHEIT IST SKLAVEREI
UNWISSENHEIT IST STÄRKE

Wahlsprüche der Partei in Orwells *1984*

Ich bin kein Untergangsprophet, ganz im Gegenteil. Aber bei aller Zuversicht dürfen wir die Gefahr nicht übersehen, in der wir schweben. Wir sind in ernsthafte Schwierigkeiten geraten, und das Beunruhigende ist, dass die Dinge schon seit einigen Jahrzehnten immer schlimmer und schlimmer werden. Die Welt wird mit jedem Tag verrückter und ungerechter, und es ist kein Ende abzusehen. Auf einzelnen Gebieten mag es kleine Verbesserungen geben, manche Probleme werden behandelt und gelöst, aber im Großen und Ganzen bewegen wir uns in die falsche Richtung, ganz besonders, was den Geist und die Vitalität des Menschen betrifft.

Als man vor kurzem in den USA begonnen hat, von „Alternative Facts" statt von Lügen zu reden, wurde Orwells *1984* wieder zum Bestseller. Der geniale Schriftsteller, der unter diesem Pseudonym versucht hat, nach dem Zweiten Weltkrieg die wesentliche Gefahr der neuen Zeit in eine Geschichte zu kleiden, hatte dieser Arbeit seine Gesundheit und damit sein Leben geopfert, um uns zu warnen, denn die größte Gefahr liegt für uns heute nicht in einem neuen Weltkrieg, der Ökologie oder im Finanzsystem, sondern darin, dass unsere Kultur den Boden unter den Füßen und die Orientierung verloren hat.

Über diese Dinge wurde schon vieles gesagt und geschrieben, aber das Besondere an diesem Buch ist, dass es sich nicht auf die sichtbaren, offensichtlichen Herausforderungen unserer Zeit konzentriert, sondern sein Beitrag liegt darin, die verborgenen Linien sichtbar zu machen, die großen Trends unserer Situation zu erkennen und dadurch Vorschläge zur Lösung zu bringen.

Was hier gesagt wird, liegt auf weite Strecken noch im Verborgenen, es ist die Arbeit und die Vision eines einzelnen Pioniers, der sich auf den Weg in das Dickicht gewagt hat. Es gibt hier keine ausgetretenen Pfade, die man bequem benützen könnte, geschweige denn eine Autobahn für den Massenverkehr. Vielmehr gibt es eine Ahnung für das Kommende, denn der Weg des Pioniers, seine forschenden und tastenden Schritte, waren nicht ganz vergeblich. Er hat das aufgehende Licht, die Morgenröte, erahnt und seine Richtung gesehen. Er kann unseren Blick in die richtige Richtung lenken, er kann hinweisen, er kann vom goldenen Licht hinter den Bäumen erzählen, damit die Kultur einen Ausweg aus der Verwirrung erkennt, und damit sie selbst beginnt, einen kleinen Fußpfad auszutreten, der sich später zu einem richtigen Weg oder sogar zu einer Bahnstrecke entwickeln kann, auf der dann die allgemeine Entwicklung mühelos abläuft.

Noch sind es nur einzelne Pioniere, die jetzt unter höchstem Einsatz und vielen Schwierigkeiten diesen Weg gehen, es sind die „Propheten" und „Heiligen", die jede Kultur braucht, um nicht seelisch ganz zu verkümmern, die mutigen Journalisten, die moralischen Einzelgänger, Menschen mit Zivilcourage und einem klaren Blick für die Situation. Aber so wertvoll ihr Einsatz auch sein mag, damit sie wirken können, und damit ihr Einfluss die ganze Gemeinschaft erfasst und durchzieht, dazu brauchen auch diese Menschen irgendeine Art von „Infrastruktur". Wenn man ihr Bemühen und ihr Potential in den Privatbereich abdrängt, während die Gesellschaft ganz andere Wege geht, können auch sie nichts ausrichten.

In der Vergangenheit haben die Kirchen und Religionsgemeinschaften diese Aufgabe erfüllt. In der westlichen Welt und in der Industriegesellschaft scheinen diese Institutionen und die traditionellen Formen der Religion aber immer mehr an Kraft zu verlieren und zu verschwinden. Diese Formen und Strukturen sind offenbar den Anforderungen der Zeit nicht mehr gewachsen. Es braucht hier einen schöpferischen Neuanfang oder zumindest eine sehr gründliche Reform.

Dieser schöpferische Neuanfang beginnt natürlich nicht im luftleeren Raum. Wir müssen nicht das Rad neu erfinden, sondern die wesentlichen Linien liegen klar auf der Hand und werden in verschiedenen Formen seit Menschheitsgedenken überliefert. Aus diesem Schatz können wir schöpfen und zu den Urquellen der geistigen Inspiration zurückkehren, um sie neu zu fassen. Nur die Form, die Organisation, die Gestalt wird neu sein, damit sie die Menschen unserer Zeit auch wirklich erreicht. Denn vieles hat sich gewandelt: die Lebensbedingungen, das Weltbild der modernen Wissenschaft, die Vereinigung der Menschheit durch Technik, Wirtschaft und Verkehr; all das sind Voraussetzungen, die die traditionellen Formen der Religion noch nicht gekannt haben. Hier werden sich neue Gestalten herauskristallisieren. Aber nun, was ist der Kern der neuen Bewegung, was ist das „Goldene Licht hinter den Bäumen", was bedeutet der Weg zu den Urquellen der Inspiration für den Menschen?

Es ist immer gefährlich, eine komplexe Situation auf wenige Linien zu reduzieren. Trotzdem will ich versuchen, das Wesentliche kurz auszudrücken, in wenigen Worten zu sagen, wo unser Problem wirklich liegt und was dieses Goldene Licht sein mag, das uns hinter den Bäumen unserer Verwirrung aufleuchtet.

Wir haben unsere Intelligenz dazu gebracht,
dass sie gegen uns arbeitet, statt für uns,
und zwar weil sie ihren Boden verloren hat.

Das lässt sich leicht ändern, vorausgesetzt man weiß,
worauf es ankommt.

Was bedeutet es, dass wir den Boden unserer Intelligenz verloren haben?
Es bedeutet, einfach ausgedrückt, dass nicht wir die Gedanken haben, sondern dass die Gedanken uns haben. Nicht wir haben den Staat, sondern der Staat hat uns, nicht wir haben die Konzerne, die Konzerne haben uns, usw.
Das kommt daher, dass wir unser größeres Wesen auf einen Gedanken unter anderen reduziert haben, auf das Subjekt des Zweifelns und Denkens, auf einen Algorithmus im Biocomputer unseres Hirns.

Das ist eine sehr nützliche Arbeitshypothese, wenn es darum geht, die materielle Welt zu erforschen. Wenn es aber kein Korrektiv, keine Verbindung zum Ganzen mehr gibt, dann führt uns diese Haltung in die Irre, und liefert uns, mythologisch gesprochen, dem Luft- und Lügengeist Mephistopheles aus.

Die Auflösung dieses Irrtums, die Korrektur dieser falschen Haltung in unserem Wesen, nennt der Buddhismus die Einsicht in die „Leerheit". Diese Einsicht ist kein Gedanke neben anderen Gedanken, sondern eine gezielte Veränderung der Wesenshaltung. Es ist die Verschiebung des Schwerpunkts vom Subjekt der Wahrnehmung, von dem denkenden Ding hinter den Augen und zwischen den Ohren, zur natürlichen Intelligenz unseres Wesens, offen und weit wie der Himmel.

Diese Änderung bewirkt einen ursprünglichen Blick aufs Ganze, eine Einsicht in die gegenseitige Verbindung und Verwobenheit aller Erscheinungen einschließlich unseres eigenen Wesens, und damit eine ungezwungene und natürliche Liebe zum ganzen Kosmos und all seinen Bewohnern.
Hier gründen auch echter Mut und gesunder Hausverstand.

Augenblick, verweile doch, du bist so schön!

Das ist die natürliche Folge und Stimmung in dieser Haltung und damit die Auflösung des gefährlichen Paktes, in den wir in der Neuzeit geraten sind.

Es gibt zwei Arten von Intelligenz: die kosmische Intelligenz, die alles hervorgebracht hat, was wir um uns sehen, die alles erhält, gestaltet und belebt. Und dann gibt es die Intelligenz unseres Hirn-Bewusstseins. Obwohl sich die beiden in unserer alltäglichen Wahrnehmung gegenseitig überlagern und ergänzen, sind sie keineswegs dasselbe.
In den letzten Jahrhunderten und Jahrzehnten haben wir gelernt, die kosmische Intelligenz immer mehr aus unserem Leben zu verdrängen und dafür das Hirn-Bewusstsein zu entwickeln. Das hat unsere Willenskraft gestärkt, aber gleichzeitig die Fähigkeit unserer Wahrnehmung und Intuition gewaltig reduziert. Wir haben den Überblick verloren und sehen jetzt oft vor lauter

Bäumen den Wald nicht mehr. In unserer Unsicherheit haben wir uns daher immer mehr aufs Messen und Rechnen verlegt, auf Kontrolle und Überwachung, was an manchen Orten zu solch hässlichen Gestalten geführt hat wie Gestapo, KGB und CIA oder heute subtiler, aber genauso gefährlich, Google, Facebook und WhatsApp. Wir verlassen uns nicht mehr auf unseren Hausverstand und auf die einfache Wahrnehmung, sondern wir brauchen überall Zahlen, Statistiken, Programme und Institutionen. Feigheit, Anpassung an kranke Verhältnisse, Duckmäuserei und Denunziation werden belohnt, während Zivilcourage und gesunder Menschenverstand bestraft und manchmal sogar mit dem Tode bedroht werden.

Die Bandbreite unserer Wahrnehmung und unserer Fantasie ist dadurch so weit geschrumpft, dass wir die offensichtlichen Lösungen nicht mehr sehen, und dass wir wie eine Fliege immer wieder an die Scheibe donnern, während das Fenster längst offensteht.

Wir haben unsere Welt in eine riesige Fabrikhalle verwandelt, und Produktion und Wirtschaftswachstum sind längst zum Selbstzweck geworden. Ein guter Job und ein paar Kinder sind der höchste Lebenszweck, und wir haben es längst aufgegeben zu fragen, was wir wirklich wollen, und wozu wir eigentlich da sind.

Es gibt eine Kraft im Universum, die uns aufgebaut hat und erhält, und es ist entscheidend für das Gelingen des Lebens, wie wir uns dieser Intelligenz gegenüber verhalten.

Im Mittelalter war es noch das Verhältnis von kindlicher Liebe, Verehrung und Gehorsam. In der Neuzeit haben wir uns von dieser Kraft emanzipiert und auf die eigenen Beine gestellt. Wir haben Adel und Kirche beseitigt und damit die Herrschaft selbst angetreten.

Es ist ein offenes Geheimnis, dass wir in diesem Prozess jetzt in eine tiefe Pubertätskrise geraten sind.

Wir müssen erwachsen werden und unser Verhältnis zur kosmischen Intelligenz neu gestalten, das heißt, wir müssen unseren kindischen Egoismus, unsere Fantasiewelten und unseren Spieltrieb überwinden, um in einem reiferen Bewusstsein zu erkennen, dass große Macht auch große Verantwortung mit sich bringt.

Der allmähliche Aufbau dieser Haltung, der harmonische Zusammenklang zwischen kosmischer Intelligenz und Hirn-Bewusstsein, ist wahrscheinlich die wichtigste Aufgabe der jetzt beginnenden Epoche unserer Menschheitsgeschichte.

NACHWORT

Augenblick, verweile doch

Augenblick, verweile doch,
du bist so schön!

Welch ein Klang, welche Melodie der Sprache!

Der Augenblick, der Blick des Auges, was für ein lebendiges Gegenüber - das ist keine Sekunde, keine Zeiteinheit auf der Uhr, sondern das ist unmittelbare Erfahrung, Kairos, der erfüllte Moment.

Und dann das Verweilen, das Ausbreiten in Stille und Entspannung, das Innehalten voller Vertrauen - das ist kein Anhalten, kein Bruch, keine Panne im technischen Ablauf, das ist offene Weite im menschlichen Sein.

Und weiter, warum dieses Verweilen? Einfach, weil es schön ist! Schön und liebenswert dieser Augenblick, dieses Gegenüber zu dem ich Du sagen kann, erfüllte Zeit, Wimpernschlag der Ewigkeit, einfache Freude.

Warum ist uns der Weg zu dieser Freude verstellt, warum müssen wir immer voran wie Sisyphus und dürfen niemals zufrieden sein? Was ist mit uns los, sind wir wirklich von allen guten Geistern verlassen, und haben wir uns wirklich rettungslos auf das Programm des Luftgeistes, des Mephistopheles, eingelassen, der uns nicht mehr freigibt, bis wir nicht den letzten Hauch unserer Schuld abgebüßt haben, bis wir nicht die Suppe ausgelöffelt haben, die wir uns eingebrockt oder bis wir das Unheil bis zum letzten Rest geschmeckt haben, das aus unserem Übermut fließt?

Der Luftballon

Wenn ich einen Luftballon aufblase und immer weiter aufblase und immer weiter, dann wird er irgendwann einmal platzen.

Ich kann dann die Stelle untersuchen, an der er geplatzt ist und dort die Materialfehler feststellen – z.B. den Hausmarkt der USA. Ich kann ihn kleben und wieder in Gebrauch nehmen und die Wirtschaft wieder anlaufen lassen, wie nach 2008. Aber wenn ich ihn wieder weiter und weiter aufblase, dann wird er irgendwann einmal wieder platzen, an derselben Stelle oder an einer anderen, z.B. beim Euro und beim Staatsbankrott Griechenlands.

Solange ich so weitermache, solange ich ihn immer weiter aufblase, wird er immer wieder platzen, ganz egal wo und wie oft ich ihn repariere.

Der Geist der Neuzeit

Der Geist der Neuzeit hat etwas Vorläufiges, Unvollständiges, Werkstatthaftes. Das war am Anfang noch nicht klar abzusehen, höchstens von großen Geistern wie Goethe, aber heute zeigen sich die Schwächen und Fehler in aller Deutlichkeit.

Wenn dieser Geist etwas Besonderes hervorgebracht hat, dann sind es die Ego-Blasen des modernen Menschen. Diese Blasen werden immer größer, und sie werden immer mehr und mehr, ungebremst und ungehemmt. Das ist die Luft, mit der unser Luftballon immer weiter aufgeblasen wird.

Das charakteristische an diesen Ego-Blasen ist, dass sie eine Spiegelwelt aufbauen, in der sie sich zunehmend aufhalten. Mit ihren Kameras und Computern, aber auch mit ihren Organisationen, bauen sie eine Doppelwelt, in der sie sich wie im Cockpit eines Raumschiffs bewegen und die vollkommen manipulierbar erscheint, bis etwas Wirkliches passiert.

Gleichzeitig wird durch die moderne Wirtschaft der soziale Kitt, der die Gemeinschaft zusammenhält, rücksichtslos konsumiert. Die Bereitschaft anderen zu helfen, anderen zu vertrauen oder füreinander da zu sein, wird von den Strukturen des Kapitalismus schamlos und systematisch missbraucht. Dadurch verschwinden die natürlichen Ordnungen, der innere Zusammenhalt der Gesellschaft, und übrig bleiben die Massen von Sandkörnern, aus denen man keine stabilen Gebäude oder gar bleibende Kunstwerke der sozialen Architektur mehr errichten kann.
Nur der äußere Druck kann diese Sandkörner noch zu größeren Gebilden zusammenballen, aber diese Ordnung ist eine Last, die zunehmend größer wird, je höher der Druck ansteigt, und die als Einengung und Kontrolle erlebt wird.

Zwei Schienen

Das Seltsame bei der Neuzeit sind die zwei Schienen, einerseits die großartige Entwicklung der Technologie und Wissenschaft, der praktischen Vernunft, und andererseits der Niedergang der menschlichen Werte und der spirituellen Entwicklung. Wir sind technologische Riesen und moralische Zwerge geworden; Zwerge, in deren Gemeinschaftsleben sich keine höheren Ebenen mehr ausnehmen lassen.

Außerdem scheint es, als gäbe es dabei ein geheimes Einvernehmen, ein Einvernehmen zwischen dem christlichen Erlösungsglauben und dem Siegeszug der niedrigen Vernunft, so, als wären die beiden aufeinander angewiesen. Dieser Erlösungsglaube, diese Heilsgewissheit bewirkt, dass man sich um das eigene Seelenheil nicht weiter zu kümmern braucht, weil es ohnehin gesichert erscheint, und man sich daher mit ganzer Kraft der Welt und den täglichen Geschäften hingeben kann.

Was genau steckt hinter diesem Prozess? Wie ist es möglich, dass sich diese beiden Bereiche, nennen wir sie hier Wissenschaft und Religion, so weit auseinander entwickeln konnten? Was sind die geistigen Grundlagen für diesen Bruch in der modernen Welt?

Metaphysik und das Betriebssystem

Das Betriebssystem bildet die Grundlage für alle anderen Programme. Es wird als erstes gestartet, wenn man den Computer einschaltet, und legt fest wie die Daten grundsätzlich verarbeitet werden.

Gewöhnlich beschäftigt sich der Benutzer damit überhaupt nicht, und es bleibt für längere Zeit unverändert. Falls doch ein Update nötig wird, so ist das eine schwierige Aufgabe, die nur von den besten Spezialisten durchgeführt werden kann.

Eine ähnliche Rolle spielt die Metaphysik für eine Kultur. Sie legt die Grundhaltung zur Welt fest, sie wird von allen anderen geteilt und nicht weiter infrage gestellt. Sie regelt das Gottesbild, den Sinn des Lebens und die Art, wie man miteinander umgeht; sie bestimmt, was man als selbstverständlich annimmt und was nicht.

Wenn sich die Umstände ändern, und insbesondere wenn die

Hardware am Computer ausgetauscht wird, braucht man ein neues Betriebssystem. Wollte man versuchen das alte System auf der neuen Hardware laufen zu lassen, dann würde man in größte Schwierigkeiten geraten.

Ebenso ist es mit der Kultur. Wenn sich die Umstände grundsätzlich geändert haben, wenn man nicht mehr in kleinen beschaulichen Dörfern und Städten lebt und seine Wege mit dem Pferdewagen zurücklegt, sondern wenn es Millionenstädte gibt, Autos, Züge und Flugzeuge, Telefon und Internet, Atombomben und Kampfflugzeuge, dann braucht auch die Metaphysik dringend ein Update. Dies ist in der Geschichte der Menschheit schon mehrmals vorgekommen, und der letzte große Umbruch liegt etwa 500 Jahre zurück, damals bedingt durch das Aufkommen der Vernunft, des Buchdrucks usw.

Heute stehen wir vor einer ähnlichen Herausforderung, denn unsere alte Metaphysik ist den Anforderungen des 21. Jahrhunderts offensichtlich nicht mehr gewachsen. Die subtile Balance, die während der Neuzeit zwischen den Wahrheiten der Religion und der Vernunft gehalten wurde, ist zerbrochen, und das ist wahrscheinlich der wirkliche Grund und der tiefere Sinn unserer heutigen Krisen!

Philosophische Präzisionsarbeit

Das Denkende Ding, res cogitans, ist einer der zentralen Begriffe in der Philosophie Descartes, der die Grundlagen der Neuzeit meisterhaft auf den Punkt gebracht hat. Er war mit den Gedanken der Theologie und Metaphysik seiner Zeit bestens vertraut, ausgebildet bei den Jesuiten und ausgestattet mit einem brillanten, analytischen Geist. Er wollte der mittelalterlichen Erstarrung der Seinslehre in der Scholastik, dem alten Betriebsystem, etwas wirklich Neues entgegensetzen - wenn auch der Ansatz schon vor ihm überliefert wurde.

Was ist nun der Kerngedanke? Es ist die radikale Zuwendung zum eigenen Wesen, zum eigenen denkenden und forschenden Ich als Alternative zu den Gedankengebäuden der Tradition. Ein großartiger Weg - und ein gewaltiger Fortschritt.

Wir erinnern uns, wenn man das Betriebsystem ändern will, muss man zunächst alle Anwendungsprogramme herunterfahren und ganz von vorne neu beginnen. So zieht sich auch

Descartes von allen Dingen zurück, von der äußeren Welt, vom eigenen Körper, von allen Gedanken, bis er schließlich beim Denken selbst, beim Zweifeln selbst anlangt. Aber hier erlebt er eine Überraschung: Gerade dieses sicherste aller Dinge, dieses „Denkende Ding", lässt sich in der Wahrnehmung nicht finden!

Wäre er Buddhist, dann wüsste er, dass er jetzt der Wahrheit der Leerheit auf der Spur ist: Ein Schritt weiter, und sein Geist würde sich in die Tiefen der Meditation über die offene Weite ausbreiten:

Führe nicht die Meditation aus, sondern suche nach dem Meditierenden. Wenn du nach dem Meditierenden suchst und ihn nicht finden kannst, dann ist deine Meditation am Punkt der Vollendung, sagt dazu sinngemäß das Tibetische Totenbuch.

Aber Descartes ist Christ, und der Schritt macht ihm Angst, denn er weiß, dass er hier den göttlichen Bereich betritt, und das ist zu seiner Zeit lebensgefährlich. Hier herrschen andere Kräfte!

Also wählt er einen dritten Weg, eben den Weg, der für die Neuzeit so charakteristisch ist. Er eröffnet an dieser Stelle einen genialen Umweg, einen neuen Gedankenbogen: Ich kann mich selbst zwar nicht finden, aber all die Dinge dieser Welt - und an denen kann ja niemand im Ernst zweifeln - gibt es wirklich, also muss es mein Ich umso mehr geben!

Und auf dieser Basis, auf diesem rationalen Trick, baut sich nun das ganze Selbstgefühl und die Weltsicht des modernen Menschen auf. Man könnte sagen, dass wir hier die Grundformel des Neuzeitlichen Materialismus vor uns haben - ungeheuer erfolgreich, ungeheuer wirksam, aber doch versehen mit all den Nachteilen, die wir jetzt mehr und mehr zu spüren bekommen.

Das war zur Zeit Descartes natürlich nicht absehbar; insbesondere, dass diese Entscheidung für die Substantialität der Welt und des eigenen Wesens die feineren Ebenen der Wirklichkeit in den Hintergrund drängen und auslöschen könnte. Denn wenn man auf das Denkende Ding hereinfällt, dann verschwinden die höheren Ebenen der Vernunft. Man kann nicht beides haben, es ist ein Entweder-Oder: Technologische Riesen und moralische Zwerge; eine tiefgreifende Unrast und ein Unbehagen in der Kultur, Trennung von Wissenschaft und Religion und Ego-Blasen ohne höhere Verantwortung.

Wer hätte gedacht, dass eine so kleine und scheinbar richtige Entscheidung so schwerwiegende Folgen haben könnte?

Die Fortsetzung der Meditationen Descartes

Wollen wir nun den Horizont etwas weiten: Nach knapp 300 Jahren der Entwicklung gerät das Programm der Neuzeit auf vielen Ebenen in Bedrängnis. Nicht nur durch die furchtbaren Weltkriege, sondern auch in der Wissenschaft, und besonders in der Physik, wo die Forschungen von Albert Einstein und Max Planck das gewohnte Weltbild revolutionieren.

In der Metaphysik schlägt deshalb Husserl einen anderen Weg ein, nicht zuletzt um die Wissenschaft neu zu begründen. Er gilt dabei als einer der bedeutendsten Philosophen des 20. Jahrhunderts und in einer Spätschrift geht er explizit zu den Meditationen Descartes zurück, um sie einen Schritt weiter zu führen - bis an die Grenzen des Denkbaren und Aussprechbaren.

Das ist ein großer Fortschritt, der erste Schritt zur Lösung der Krise, aber auch diese Bewegung, die Phänomenologie, vermag die Sprachbarriere und das rationale Denken nicht wirklich zu transzendieren, denn dies würde eine Neugestaltung der Persönlichkeit des Forschers und die Auflösung des subjektbezogenen Denkens erfordern.

Husserl überwindet mit seinem Ansatz zwar die cartesianische Vorstellung von einem Denkenden Ding, er hält aber noch immer an einem transzendentalen Subjekt fest, das er jetzt das *„transzendental-phänomenologische Ich"* nennt.

Da sich dieses Ich von allen Erscheinungen zurückzieht, bleibt es ein monadenhaftes Subjekt, das ganz allein und ohne äußere Welt dasteht. Aber statt hier wieder auf den Weg Descartes zurück zu fallen, und sich auf die Evidenz der äußeren Dinge zu berufen, gewinnt Husserl die Welt über die Verbindung zu den anderen Monaden neu: *„Du sagend werde Ich"*, sagt Martin Buber in diesem Sinne; ein Ansatz, der das ganze 20. Jahrhundert zutiefst geprägt hat.

Die neue Meditation des Abendlandes

Philosophisch liegt der nächste Schritt auf der Hand. Viel schwieriger ist es natürlich, ihn in die Tat umzusetzen! Nicht nur deshalb, weil das tägliche Leben an uns ganz andere Anforderungen stellt als philosophische, sondern auch deshalb, weil wir uns hier in einem Feld bewegen, das die Grenzen der

Sprache, des Aussprechbaren und Denkbaren überschreitet. Wenn wir über das Denkende Ding hinausgehen wollen, können wir nämlich nicht mehr unsere gewohnten Methoden anwenden, sondern an dieser Stelle beginnt etwas wirklich Neues für unsere Kultur.

Wenden wir uns dazu noch einmal der buddhistischen Analyse zu. Sie sagt sinngemäß: Wenn ich das Subjekt der Wahrnehmung nicht finden kann, dann ist es vielleicht gar nicht da, und meine ganze Vorstellung von der dualistischen Wahrnehmung, von Subjekt und Objekt, basiert auf einem schwerwiegenden Irrtum. Wird dieser Irrtum korrigiert, dann hat dies gewaltige menschliche und kulturelle Konsequenzen, die tief in den religiösen und existenziellen Bereich hineinwirken.

Die Meditation genau über diesen „Irrtum" könnte also eine neue Metaphysik begründen, auf die wir das kommende Menschenbild und eine neue Wissenschaft des Abendlandes stützen können; eine Weltsicht, die es nicht mehr nötig hat, zur Religion und zu den höheren Ebenen der Vernunft eine Barriere zu errichten.

Noch einmal: Die neue Grundhaltung entsteht aus der radikalen Fortsetzung der Meditation Descartes im Übergang vom „Denkenden Ding" über das „transzendental-phänomenologische Ich" und das „Dasein" Heideggers bis hin zur Offenen Weite unserer Grundnatur, oder zum Klaren Licht und zur völligen Durchsichtigkeit des Gewahrseins in der Bildersprache des Dzogchen. Dieser Übergang vollzieht sich in der Tiefe des menschlichen Wesens und ist daher kaum fassbar oder erklärbar, aber seine Spuren und Konsequenzen sind unübersehbar! Er bedeutet eine wirkliche Revolution und ein entscheidendes Update des Betriebssystems der Neuzeit.

Wie so eine Meditation in der Praxis aussehen könnte, sagt z.B. der Dalai-Lama in seiner Autobiografie:

„... Ich fokussiere meinen Geist bis zu dem Punkt, an dem die Vorherrschaft der Sinnenwelt nachlässt.
Das ist kein Trancezustand, denn ich bleibe dabei vollkommen wach, vielmehr ist es eine Übung des reinen Bewusstseins.
Was genau ich damit meine ist schwer zu erklären: ... Weder Sprache noch die alltägliche Erfahrung kann wirklich die Bedeutung der Erfahrung des „natürlichen Geistes" übermitteln.
Selbstverständlich ist das keine einfache Übung.
Man braucht viele Jahre dazu, sie zu meistern..."

Wenn wir diesen neuen Ansatz wählen, müssen wir natürlich darauf achten, das schon Erreichte nicht wieder aufzugeben und zu verlieren. Der Umweg über das Denkende Ding und die Ich-Entwicklung hat mit all seinen Schwierigkeiten auch großartige Leistungen vollbracht, die nicht zu übersehen sind. Wenn man eine große Fläche erobern will, wenn man sich in alle Welt ausbreiten will, dann ist unsere Haltung ein ausgezeichnetes Werkzeug, wie die Geschichte gezeigt hat. Dieser Schritt ist uns gelungen, das haben wir erreicht.

Aber jetzt bricht eine neue Phase an, in der es nicht mehr um die Expansion des Ich, sondern um Konsolidierung und Wiedereingliederung in den Strom des Kosmos geht. Psychologisch gesehen muss sich das eindimensionale Wachstum allmählich in ein differenziertes Wachstum und in den Aufbau höherer Ebenen der Ordnung der Menschheit verwandeln, und dazu braucht es eine neue Grund-Meditation: Aus der Haltung der Konkurrenz und der Trennung von der Welt, die dadurch entsteht, dass wir uns mit dem Subjekt des Denkens und Wahrnehmens identifizieren, muss sich die innere Bereitschaft zum Wachstum in die Synergie entwickeln, in die Zusammenarbeit mit dem Kosmos, die aus dem Gegner automatisch einen Partner macht.

Bei einer Auseinandersetzung, bei einer Konfrontation oder einem Show-down, gewinnt immer nur der eine, der andere verliert. Und auch bei einem Kompromiss müssen beide Seiten nachgeben, und verlieren also etwas.

Wenn aber die Polarität von vornherein als Bereicherung erlebt wird, und der Gegensatz nicht zum Kampf führt, sondern zum Entstehen höherer Werte, an denen sich beide Seiten bereichern können, dann ist etwas Grundsätzliches gewonnen. Das ist der wirkliche Sinn der Feindesliebe, und diese Fähigkeit werden wir in der kommenden Welt dringend brauchen.

Der nächste Schritt, der uns politisch bevorsteht, ist nämlich der Schritt vom linearen Wachstum und vom Konkurrenzdenken in Wirtschaft und Gesellschaft, zur Vereinigung der Menschheit in einem harmonischen Ganzen. Damit dieser Übergang gelingen kann, und er nicht in einem Zwangssystem wie Orwells Staat von *1984* oder in der *Schönen Neuen Welt* Huxleys endet, braucht es genau diesen Wandel im Selbstverständnis des Menschen, individuell und kollektiv.

Fassen wir zusammen: Wir haben die niederen Ebenen der Vernunft ausreichend entwickelt, wir haben die Welt wirtschaftlich und organisatorisch auf einen Stand gebracht, der eine Weiterentwicklung ermöglicht, ja geradezu erfordert.

Aber gleichzeitig haben wir uns damit in eine sehr schwierige Lage und in eine tiefe Krise manövriert. Die gute Nachricht dabei ist, dass uns die Krise, oder mythologisch gesprochen der Geist des Mephistopheles, wie die linke Hand Gottes dazu treibt, den Sprung auch tatsächlich zu vollziehen, den die Erde von uns erwartet. Die ganze Spannung, der ganze Druck, die ganze Unrast, sie alle haben den einen Zweck, uns nicht zur Ruhe kommen zu lassen, bis wir nicht unsere Entwicklungsarbeit vollendet haben, die schon jetzt nahe am Ziel angelangt ist.

Wenn wir nun unserer Vernunft die Weisheit hinzufügen, die sie braucht, wenn wir unsere wissenschaftliche Wahrheit mit Liebe ergänzen, und wenn wir in unserer Gesellschaft die Synergie ebenso hoch schätzen wie heute Konkurrenz und Egoismus, dann wird der Faustische Pakt gelöst und die Vertragspartner können sich in Frieden voneinander verabschieden.

Dann kann sich auch die klassische Meditation des Buddhismus in ein ganz neues Gewand kleiden, die Metaphysik des Abendlandes inspirieren und Leistungen vollbringen, die man ihr vorher wohl niemals zugetraut hätte.

Wissenschaft

Eine neue Wissenschaft, wie sie schon Husserl gefordert hat, wird entstehen, die nicht mehr von stabilen Materieteilchen ausgeht, wie die klassische Physik Newtons, sondern von Beziehungsmustern und Polaritäten. In dieser Wissenschaft wird auch der Geist eine entscheidende Rolle spielen. Der Beobachter wird nicht mehr außerhalb stehen, sondern Teil des Geschehens sein. In Ansätzen gibt es diese Wissenschaft schon, auch wenn sie im Denken noch immer auf der Metaphysik Descartes aufbaut und daher in unauflösliche Widersprüche gerät. Hochenergiephysik und Hirnforschung arbeiten an diesen Grenzgebieten, aber ein wirklicher Fortschritt ist erst möglich, wenn die Grundlagen korrigiert werden.

Es gibt auch eine andere Evolution als die Zufallsmutation und Selektion Darwins. Die neue Metaphysik wird die Gesetze dieser Evolution der Synergie sichtbar machen, die schon jetzt in der Systemtheorie bei der Entwicklung großer und komplexer Einheiten erahnt werden kann - Gesetze der Evolution, deren Kenntnis bisher der Mythologie oder der Religion vorbehalten waren. Gerade dieses Wissen kann entscheidend sein, um den gesellschaftlichen Übergang zu meistern, in dem wir uns befinden.

Naturwissenschaft, Geisteswissenschaft und Religion werden wieder eine Einheit bilden, eine Universität im klassischen Sinn, in dem nicht ein Teil der Wirklichkeit vom anderen abgegrenzt werden muss, wie das heute der Fall ist. Die Ergebnisse dieser Wissenschaft werden das bisher Erreichte nicht aufheben, sondern ergänzen, und neben dem Bau von Maschinen wird vor allem die Reifung des menschlichen Wesens, die Entwicklung seiner Beziehungsmuster und die Gestaltung der höheren Ebenen der Gemeinschaft ihr Gegenstand sein. Die Grundlagen dieser Wissenschaft gibt es bereits, und sie haben in der Form des Wisdom Science Project schon sichtbare Gestalt angenommen. Auch die Person des Wissenschaftlers wird ein neues Gewicht bekommen, denn die Reifung der Persönlichkeit und die Gestaltung der Beziehungsmuster ist nichts, das man rein äußerlich, theoretisch behandeln kann und darf.

Forscher, Ärzte, zutiefst schöpferische Menschen, sie alle lassen sich nicht einfach austauschen, und sie haben eine entscheidende Bedeutung für das Leben der Gesellschaft. Gerade hier, und im Herzen der Scientific Community, können die ersten großen Veränderungen im Wandel des Weltbildes sichtbar werden. Der Staat braucht diese Menschen, und sie sind daher nicht auf den ständigen Kniefall vor Geld, Macht und Wirtschaft angewiesen. Hier kann mit ein wenig Mut und Zivilcourage eine neue Bewegung entstehen, die die Chance hat, nicht sofort wieder ausgelöscht zu werden.

Religion

Der Wandel der Religion bedeutet keine Rückkehr zu den Mustern, die Marx und Freud so richtig kritisiert haben, nicht zu jener hintergründigen Macht, die Descartes am Schritt zur Offenen Weite behindert hat, sondern Religion bedeutet in diesem Zusammenhang das Wiederaufnehmen der Verbindung zur höheren Vernunft und zu den höheren Wahrheiten in den Mainstream der Gesellschaft. Was in den privaten Bereich abgedrängt war und hier allenfalls in der Liebesbeziehung oder in einer Psychotherapie gelebt wurde, kann wieder Bestandteil der allgemeinen Entwicklung werden, über die man sich offen austauscht, und mit der man ebenso kompetent umgeht wie mit Flugzeugen, Autos und Computern.

Das Abendland ist zutiefst christlich geprägt, und diese Religion hat das Potenzial auch diese neue Meditation in sich aufzunehmen und fruchtbar zu machen. Es könnte sein, dass die wahre Zeit für den christlichen Impuls erst jetzt gekommen ist.

Gesellschaft

Die Organisation der Massen, die wir heute erleben, führt zu großen und unüberschaubaren Strukturen. Wenn aber die Sandkörner wieder Gestalt annehmen, wenn sie greifbar und fühlbar werden und Hände und Füße entwickeln und sich miteinander verbinden, dann werden neue Formen der Gemeinschaft entstehen: das Dorf, in dem jeder jeden kennt, und in dem moralische Werte eine Rolle spielen - selbst wenn dieses Dorf inmitten einer Millionenstadt existiert. Diese sozialen Einheiten können sich zu größeren Gemeinschaften verbinden, in denen verschiedene Ebenen der Komplexität auftreten, wie in einem lebendigen Körper, der ja auch kein Zellbrei ist, sondern sichtbar in Organe gegliedert. Die kleinen Einheiten brauchen Schutz, besonders vor der Gewalt der großen Organisationen. Dieser Schutz kann durch das Entwickeln dieser höheren Ebenen der Gemeinschaftsbildung entstehen, die in ihrer vollen Ausgestaltung die ganze Menschheit umfassen können, um auch globale Prozesse zu steuern, Prozesse wie den Umgang mit dem Öl und anderen Ressourcen, dem Finanzsystem, oder Krieg und Frieden.

Diese Gemeinschaft, eine Weltkonferenz, eine Menschheitsfamilie, möglicherweise getragen von der Scientific Community, mag anfangs noch wenig politische oder wirtschaftliche Macht haben, aber ihr moralisches Gewicht kann groß sein, und sie wird uns vielleicht vom Diktat einer Weltregierung nach klassischem Muster der Gewalt befreien.

Widmung und Dank

Es ist den Kennern der Materie sicher längst aufgefallen, dass diese andere Evolution, die Evolution der Synergie, die aus der neuen Metaphysik folgt, in der buddhistischen Terminologie die Kraft von Bodhicitta bedeutet, die aus dem erleuchteten Geist fließt.

Das ist die einzige Kraft, die in Frage kommt, wenn wir dem Egoismus etwas zumindest Gleichstarkes entgegensetzen wollen.

Aus diesem Grunde möchte ich das Buch mit einem Zitat von Khunu Rinpoche schließen:

Sollte also von diesem kleinen Werk,
das erhabene Bodhicitta als Ausgangspunkt gewählt hat,
etwas Gutes kommen,
dann bete ich, dass dadurch
der Erleuchtungsgeist geboren wird,
im Geistesstrom meiner Mutter - also aller lebenden Wesen,
die zahllos sind, wie der offene Raum.

Khunu Rinpoche

Quellen und weiterführende Literatur

Aristoteles: Metaphysik. Schriften zur ersten Philosophie.
Reclam, 1970

Augustinus, Aurelius: Bekenntnisse (Confessiones).
Reclam, 1989

Bateson, Gregory: Ökologie des Geistes. Anthropologische, psychologische, biologische und epistemiologische Perspektiven.
Suhrkamp, 1985

Baumert, Norbert: Christus-Hochform von „Gesetz". Übersetzung und Auslegung des Römerbriefes.
Echter, 2012

Bohm, David: Die implizite Ordnung. Grundlagen eines dynamischen Holismus.
Dianus-Trikont, 1985

Buber, Martin: Ich und Du.
Lambert Schneider, 1983

Canetti, Elias: Masse und Macht.
Fischer, 1980

Clark, Christopher: The Sleepwalkers. How Europe went to war in 1914.
Penguin, 2013

Dakini Teachings. Padmasambhava's oral instructions to Lady Tsogyal. Translated by Eric Pema Kunsang.
Shambala, 1990

Dalai Lama: Toward a true kinship of faiths. How the world's religions can come together.
Doubleday, 2010

Dante, Alighieri: Die göttliche Komödie. Übers. v. Philaletes.
Diogenes, 1991

Darwin, Charles: The Origin of Species. By means of natural selection of the preservation of favoured races in the struggle for life.
Signet Classics, 2003

Descartes, René: Abhandlung über die Methode des richtigen Vernunftgebrauchs.
Reclam, 2000

Descartes, René: Meditationen über die Erste Philosophie.
Reclam, 1971

Dostojevski, Fjodor: Die Brüder Karamasow.
Anaconda, 2010

Dowman, Keith, (ed.): The flight of the Garuda.
Wisdom Publications, 1994

Dzongsar Jamyang Khyentse: Es geht nicht um Glück.
Manjughosha, 2013

Dzongsar Jamyang Khyentse: Not for Happiness.
Shambala, 2012

Dzongsar Jamyang Khyentse: Weshalb sie kein Buddhist sind.
Windpferd, 2008

Eliade, Mircea: Schamanismus und archaische Ekstasetechnik.
Suhrkamp, 1980

Enomiya-Lassalle, Hugo M.: Zen und christliche Mystik.
Aurum, 1986

Evans-Wenz, W. Y., (ed.): The Tibetan Book of the Dead.
Oxford University Press, 1978

Evans-Wenz, W. Y., (ed.): The Tibetan Book of the Great Liberation. Or the method of realizing Nirvana through knowing the mind.
    Oxford University Press, 1977

Freud, Sigmund: Die Traumdeutung.
    Fischer, 1981

Freud, Sigmund: Zur Psychopathologie des Alltagslebens. Über Vergessen, Versprechen, Vergreifen, Aberglaube und Irrtum.
    Fischer, 2009

Friedell, Egon: Kulturgeschichte der Neuzeit, eins und zwei.
    dtv, 1976

Fukuyama, Francis: Das Ende der Geschichte. Wo stehen wir?
    Kindler 1992

Goethe, Johann Wolfgang: Faust. Der Tragödie erster und zweiter Teil.
    Reclam, 1984

Hegel, Georg Wilhelm Friedrich: Vorlesungen über die Philosophie der Weltgeschichte I. (Gesammelte Werke Band 27)
    Meiner, 2015

Heidegger, Martin: Sein und Zeit.
    Niemeyer, 1993

Herr der Yogis: Das Leben von Jetsün Milarepa, Edition Mandarava,
    Sequoia, 2006

Huxley, Aldous: Schöne neue Welt. Ein Roman der Zukunft.
    Fischer, 1977

Jaffé, Anniela, (Hg.): Erinnerungen, Träume, Gedanken von C. G. Jung.
    Walter, 1984

James, William: Die Vielfalt religiöser Erfahrung. Eine Studie über die menschliche Natur.
    Walter, 1979

Jantsch, Erich: Die Selbstorganisation des Universums. Vom Urknall zum menschlichen Geist.
    dtv, 1984

Jung, C. G.: Aion. Beiträge zur Symbolik des Selbst. Ges. W. 9,2
    Walter, 1985

Jung, C.G.: Zur Psychologie westlicher und östlicher Religion.
    Walter, 1995

Kant, Immanuel: Kritik der reinen Vernunft.
    Suhrkamp, 1974

Karmapa Wangtschug Dorje: Mahamudra, Ozean des Wahren Sinnes.
    Theseus, 1990

Keynes, John Maynard: The general theory of employment, interest, and money.
    Prometheus Books, 1997

Khalil Gibran: Der Prophet.
    Piper, 2002

Kolakowsky, Leszek: Falls es keinen Gott gibt. Aus dem englischen von Friedrich Griese.
    Piper, 1982

Laotse: Tao te King. (Handschriftliche Übersetzung)
    Inedit.

Leibniz, Gottfried Wilhelm: Hauptschriften zur Grundlegung der Philosophie. Hg.v. Ernst Cassirer.
    Meiner, 1915

Lorenz, Konrad: Die Rückseite des Spiegels,
    dtv, 1977

Machiavelli, Nicola: Der Fürst. Übersetzt von Friedrich Blaschke.
  Meiner, 1940
Marx, Karl: Das Kapital. Kritik der politischen Ökonomie.
  Anaconda, 2009
Milarepas Gesammelte Vajra-Lieder: (Die 100.000 Gesänge des Milarepa) Mila'i mGyur 'bum. 3 Teile.
  Theseus, 1997
Newton, Isaak: The Mathematical Principles of Natural Philosophy. Philosophiae Naturalis Principia Mathematica.
  Amazon, 2017
Nicolai De Cusa (Nikolaus von Kues): De docta ignorantia. Die belehrte Unwissenheit. Lateinisch-Deutsch.
  Meiner, 1994
Nietzsche, Friedrich: Also sprach Zarathustra. Ein Buch für alle und keinen.
  Insel, 1976
Orwell, George: 1984.
  Diana, 1964
Padmasambhava: Das Tibetische Totenbuch. Die Große Befreiung durch Hören in den Zwischenzuständen. Hg. von Coleman, G. mit Jinpa, T.
  Arkana, 2008
Palden Sherab Rinpoche and Tsewong Tonga Rinpoche: Lions gaze. A commentary on Tsik Sum Nedek. Translated by Sarah Harding.
  Sky Dancer Press, 1998
Patrul Rinpoche: Die Worte meines vollendeten Lehrers. Ein Leitfaden für die vorbereitenden Übungen der „Herzessenz der weiten Dimension" des Dzogchen.
  Arbor, 2006
Platon: Der Staat. Aus dem griechischen von Otto Apelt.
  Anaconda, 2010
Saint-Exupéry, Antoine de: Der Kleine Prinz.
  Arche, 1997
Schmidt-Leukel, Perry: Buddha Mind - Christ Mind. A Christian commentary on the Bodhicaryavatara.
  Peeters, 2019
Schweiberer, Birgit (Hg.): Sútra vom Goldenen Licht. Das Àrya Mahàyàna Sútra vom Heiligen Goldenen Licht, das man den mächtigen König der Sútras nennt.
  Diamant, 2006
Sartre, Jean Paul: Das Sein und das Nichts. Versuch einer phänomenologischen Ontologie.
  Rowohlt, 1993
Schiller, Friedrich: Don Carlos.
  Reclam, 2001
Smith, Adam: Der Wohlstand der Nationen. Untersuchung über das Wesen und die Ursachen des Volkswohlstandes. Aus dem englischen von Franz Stöpel.
  Beck, 1989
Sogyal Rinpoche: Das Tibetische Buch vom Leben und Sterben. Ein Schlüssel zum tieferen Verständnis von Leben und Tod.
  Fischer, 2004
Sogyal Rinpoche: The Tibetan Book of Living and Dying.
  Rider, 2002
Spengler, Oswald: Der Untergang des Abendlandes. Umrisse einer Morphologie der Weltgeschichte. I und II.
  dtv, 1972

Steindl-Rast, David: Das Credo: Ein Glaube, der alle verbindet.
Herder, 2010
Steindl-Rast, David: Fülle und Nichts: Von innen her zum Leben erwachen.
Herder, 2008
Surya Das: Tibetische Weisheitsgeschichten.
Heyne, 1999
Suzuki, Shunryu: Zen-Geist, Anfänger-Geist. Unterweisungen
in Zen-Meditation.
Theseus, 1975
Teilhard de Chardin, Pierre: Der Mensch im Kosmos.
Beck, 1964
Teilhard de Chardin, Pierre: Frühe Schriften.
Alber, 1968
Thich Nhat Hanh: Das Diamant-Sutra. Kommentare zum
Prajnaparamitra Diamant-Sutra.
Theseus, 1993
Thich Nhat Hanh: Lebendiger Buddha, lebendiger Christus.
Verbindende Elemente der christlichen und buddhistischen Lehren.
Goldmann, 1996
Thich Nhat Hanh: Mit dem Herzen verstehen. Kommentare zu dem Prajnaparamita
Herz-Sutra.
Theseus, 1999
Thich Nhat Hanh: Wie Siddharta zum Buddha wurde. Eine Einführung in den Buddhismus.
dtv, 2004
Toegel, Johannes: The Sacred Key, to the Union of East and West.
AuthorHouse, 2005
Tolkien, J.R.R.: Der Herr der Ringe.
Klett-Cotta, 1989
Wagner, Richard: Parsifal. Ein Bühnenweihspiel in drei Aufzügen.
Reclam, 1993
Weber, Max: Die protestantische Ethik, I und II. Eine Aufsatzsammlung. Hg. von Johannes
Winckelmann.
J. C. B. Mohr, 1972
Wilber, Ken: Halbzeit der Evolution. Der Mensch auf dem Weg vom animalischen zum
kosmischen Bewusstsein. Eine interdisziplinäre Darstellung der Entwicklung des
menschlichen Geistes.
Scherz, 1984
Wilber, Ken: The pre/trans fallacy.
In: ReVISION 3(2), pp 51-72, 1980
Wilber, Ken: Up from Eden.
Doubleday, 1981
Wilhelm, Richard, (Hg.): I Ging. Das Buch der Wandlungen.
Diederichs, 1980
Wittgenstein, Ludwig: Tractatus logico-philosophicus. Logisch-philosophische Abhandlung.
Suhrkamp, 2021
Yogananda, Paramahansa: Autobiography of a Yogi.
Self-Realisation Fellowship, 2002

〰〰 Weitere Bücher dieser Reihe:

Goldenes Licht hinter den Bäumen

Das Ende der Neuzeit und Aufstieg einer neuen Epoche

Die Neuzeit, das Zeitalter der Aufklärung, der Demokratie und der Menschenrechte geht ihrem Ende zu. Das bisher christliche Abendland ist in eine schwere Krise geraten, und die Frage erhebt sich, wie es weitergehen soll.

„Der rationale Beobachter, das denkende Ding hinter den Augen und zwischen den Ohren, ist das Wesen des Menschen." - Diese Arbeitshypothese hat uns zu technologischen Riesen gemacht, aber gleichzeitig erlaubt, dass wir zu moralischen Zwergen geschrumpft sind, was heute immer deutlicher wird.

Dieses Buch zeigt, dass und wie der buddhistische Begriff der Leerheit geeignet wäre, diese Grundannahmen unserer Kultur einen entscheidenden Schritt weiterzuführen. Das Bewusstsein ist nämlich nicht, wie wir heute glauben, ein Ergebnis unserer Hirntätigkeit, ein Algorithmus, sondern vielmehr eine Qualität des Kosmos, die sich in unserem Hirn manifestiert und spiegelt.
Buddhistische und andere Meditationstechniken eröffnen den Zugang zu diesem natürlichen Geist, diesem Gewahrsein des Universums, das zwar leer von Inhalten, aber gefüllt mit Intelligenz, Verständnis und Weisheit ist.

Von dieser Ebene aus kann ein neues Selbstgefühl entstehen, das hilft, uns weiterzuführen und damit ein neues Zeitalter zu eröffnen, das im Stande ist, eine wirkliche Antwort auf die Fragen des 21. Jahrhunderts zu finden.

Mit der Seele spielt man nicht

Sieben Arten die Meditation zu verderben

Art Landau

Mit der Seele spielt man nicht

Sieben Wege
die Meditation zu verderben

Meditation wird heute überall geübt. Das hat seine Gründe, denn das Christentum, die alte Form der Religion, hat ihre Glaubwürdigkeit verloren, und so versucht man nun zu anderen Mitteln zu greifen.

Aber geht das so einfach?

Der Kern der abendländischen Entwicklung war der Aufbau einer stabilen und reifen Persönlichkeit. Aber von einem starken Ego aus, das von klein auf an Konkurrenz und Wettbewerb gewöhnt ist, kann Meditation nicht gelingen, sondern wird immer auf Abwege geraten!

Dieses Buch zeigt die grundsätzlichen Missverständnisse und vorprogrammierten Fallen, wenn ein moderner Mensch versucht, intensiv zu meditieren.

Das neue Paradigma

Wissenschaft im dritten Jahrtausend

Europa zerfällt, die USA wird als führende Wirtschafts- und Militärmacht abgelöst und befindet sich in einem rasanten Sturzflug, der Klimawandel und seine Konsequenzen bedrängen uns und die Situation wird immer unhaltbarer.

Dieses Buch versucht, die Grundlagen einer neuen Wissenschaft zu zeigen, die im Stande ist, die Wandlungsprozesse, in denen die Menschheit sich derzeit befindet, richtig zu verstehen und sinnvoll zu steuern. Schon bisher war die Wissenschaft die treibende Kraft in unserer Kultur, und es scheint daher sinnvoll die nächste große Revolution auch hier beginnen zu lassen.

Die derzeitige Form der Wissenschaft beruht auf der Philosophie und Methode Descartes und der Physik Newtons, ergänzt durch die Evolutionstheorie Darwins und weiterer großer Wissenschaftler. Diese Welterklärung war am Ende des 19. Jahrhunderts fast lückenlos gelungen, und alle großen Probleme schienen gelöst.

Aber am Anfang des 20. Jahrhunderts gab es in der Physik eine große Revolution, die das klassische Weltbild zutiefst erschütterte. Diese Revolution breitete sich allmählich auch auf die anderen Wissenschaftszweige aus, und in diesem Zusammenhang gab es in den 70er und 80er Jahren die Suche nach einem neuen Paradigma, einer neuen Gesamt-Welterklärung.

Die Suche wurde damals ergebnislos abgebrochen.

Wisdom Science geht an die Wurzel des Problems, an die philosophischen und weltanschaulichen Grundlagen des alten Paradigmas und setzt hier völlig neu an, indem nicht die Kausalität und die Beobachtung isolierter Ereignisse die Basis bilden, sondern die Synergie, also das Zusammenwirken und die harmonische Balancierung verschiedener Kräfte in schöpferischen Vereinigungen. Dieser Zugang erlaubt es, ökologische Prozesse und besonders die Entfaltung und Entwicklung komplexer lebendiger Einheiten, wie zum Beispiel einer menschlichen Gesellschaft, richtig zu verstehen und ihre Grundgesetze zu studieren.

Mit der Kenntnis dieser Grundgesetze wird es möglich, auch Wandlungsprozesse, wie etwa die Entwicklung Europas oder die Reform des Kapitalismus, sinnvoll zu gestalten, so dass sie den Gesetzen des Lebens folgen und nicht der Dynamik der Ideologie oder der Propaganda. Es geht hier nicht um billige Vertröstungen oder Quick Fixes, sondern um wirklich nachhaltige Lösungen.

Drei Fragen, die man sich stellen sollte

Wer bin ich?
Wer bin ich wirklich, wenn ich nicht einfach meinen Namen nenne, meine Karriere, meinen Beruf und meinen Familienstand? Was ist mein innerstes Wesen, wenn all dies wegfällt?

Wozu bin ich da?
Was ist der wirkliche Sinn meines Lebens, wenn ich über den amerikanischen Traum hinausgehe: ein Auto, ein Haus, eine Familie und ein paar Kinder, die es ein bisschen weiter bringen als ich selbst.

Was ist meine wirkliche Aufgabe auf dieser wunderschönen Erde, die mich hervorgebracht hat und mich täglich trägt, erhält und ernährt?

Was ist mit meinem Tod?
Ich weiß, dass ich einmal ins kalte Wasser geworfen werde. Da sollte ich doch rechtzeitig schwimmen lernen oder mir zumindest einen brauchbaren Rettungsring zurecht legen. Die Sache einfach zu ignorieren und davon auszugehen, dass sich alles schon irgendwie von selbst lösen wird, ist bestenfalls naiv. Was also kann ich hier wissen und tun?

Dieses Buch lädt zu Antworten auf diese drei Fragen ein, die man nicht in jedem Erbauungsbuch finden kann, oder die sich in billigen Gemeinplätzen erschöpfen. Es geht hier um eine neue Sicht, die aus der Beobachtung des natürlichen Geistes, der Essenz unseres Gewahrseins, geboren wird, einer Weisheit, die seit Jahrtausenden von den indischen und tibetischen Yogis gepflegt wird - diesmal angewandt auf die Lebenssituation des Menschen im 21. Jahrhundert.

Ans sichere Ufer

Wege aus der Krise

Das Buch ist entstanden als philosophische Antwort auf die Finanzkrise 2008. Aufbauend auf dem buddhistischen Verständnis von Leerheit, der inneren Verbindung aller Phänomene miteinander, versucht es die tiefer liegenden Ursachen für unsere Probleme zur Sprache zu bringen, und warnt vor den Entwicklungen, in die wir heute leider geraten sind.

„Die Menschen wollen nichts mehr von der Krise hören", war das Argument der Verlegerin, die das Manuskript vor etwa zehn Jahren ablehnte. Heute ist es aktueller denn je!

Es beschreibt die Notwendigkeit einer Geisteshaltung, die beide Seiten eines Konflikts gleichzeitig gelten lässt, und kreative Lösungen ermöglicht, aufbauend auf einer Analyse der geistesgeschichtlichen Grundlagen unserer aktuellen Weltlage.